essentials

Essentials liefern aktuelles Wissen in konzentrierter Form. Die Essenz dessen, worauf es als „State-of-the-Art" in der gegenwärtigen Fachdiskussion oder in der Praxis ankommt. *Essentials* informieren schnell, unkompliziert und verständlich

- als Einführung in ein aktuelles Thema aus Ihrem Fachgebiet
- als Einstieg in ein für Sie noch unbekanntes Themenfeld
- als Einblick, um zum Thema mitreden zu können

Die Bücher in elektronischer und gedruckter Form bringen das Fachwissen von Springerautor*innen kompakt zur Darstellung. Sie sind besonders für die Nutzung als eBook auf Tablet-PCs, eBook-Readern und Smartphones geeignet. *Essentials* sind Wissensbausteine aus den Wirtschafts-, Sozial- und Geisteswissenschaften, aus Technik und Naturwissenschaften sowie aus Medizin, Psychologie und Gesundheitsberufen. Von renommierten Autor*innen aller Springer-Verlagsmarken.

Lars Holtkamp

Die aktuelle Krise der Kommunen

Handlungsunfähig und überschuldet?

 Springer VS

Lars Holtkamp
Institut für Politikwissenschaft
FernUniversität in Hagen
Hagen, Nordrhein-Westfalen
Deutschland

ISSN 2197-6708   ISSN 2197-6716   (electronic)
essentials
ISBN 978-3-658-50463-2   ISBN 978-3-658-50464-9   (eBook)
https://doi.org/10.1007/978-3-658-50464-9

Die Deutsche Nationalbibliothek verzeichnet diese Publikation in der Deutschen Nationalbibliografie; detaillierte bibliografische Daten sind im Internet über https://portal.dnb.de abrufbar.

Springer VS ist ein Imprint der eingetragenen Gesellschaft Springer Fachmedien Wiesbaden GmbH und ist ein Teil von Springer Nature.
Die Anschrift der Gesellschaft ist: Abraham-Lincoln-Str. 46, 65189 Wiesbaden, Germany

Wenn Sie dieses Produkt entsorgen, geben Sie das Papier bitte zum Recycling.

Was Sie in diesem *essential* finden können

- Überblick über die kommunalen Handlungsspielräume
- Einblicke, welche Kommunen von der neuen kommunalen Haushaltskrise besonders betroffen sind
- Analyse der Folgen der Haushaltskrise und der Eingriffe der Haushaltsaufsicht bis zur Entsendung von Sparkommissaren
- Einsichten zu Bürgern als einflussreiche Vetospieler
- Analysen, wie der Rechtpopulismus von der kommunalen Krise profitiert und sie weiter anheizt
- Realistische Einschätzungen, wie die kommunale Krise etwas aufgefangen werden kann

Inhaltsverzeichnis

Einleitung

1

Den Städten und Gemeinden in Deutschland wurde in den letzten Jahren viel abverlangt. Die Multikrisen waren – und sind – eine große Herausforderung für die Kommunen als unterste Ebene im bundesdeutschen Föderalismus. Während die Corona-Zeit als plötzliche, akute Krise vergleichsweise gut im föderalen System überstanden wurde – auch weil Kommunen zügig und massiv finanziell von Bund und Ländern unterstützt wurden, zeigt sich, dass eher schleichende, chronische Krisen nicht zur Stärke des deutschen Föderalismus gehören (Thöne 2022, S. 6).

Insbesondere drei krisenhafte Entwicklungen sind bislang kaum bearbeitet worden und werden die Kommunen noch jahrzehntelang beschäftigen (vgl. zu vielen weiteren Literaturhinweisen Holtkamp und Garske 2025).

Als Erstes sind hier die Infrastruktur- und kommunale Haushaltskrise zu nennen. In den vergangenen Jahrzehnten wurde viel zu wenig in die Infrastruktur investiert, und gerade hier wären vor allem die Kommunen gefordert gewesen. Viele alte Aufgaben müssen also zunächst finanziell aufgeholt werden, während die Kommunen in den vergangenen Jahren real sogar noch weniger investiert haben. Den aktuellen Investitionsrückstand beziffern die Kommunen mit 165,6 Mrd. EUR (Raffer und Scheller 2023).

Diese Probleme bündeln sich in Westdeutschland insbesondere in den Kommunen des Ruhrgebiets. Viele von ihnen haben sich erheblich verschuldet oder sind sogar überschuldet. Sie gelten gewissermaßen als Prototyp der „handlungsunfähigen Kommune". Daher wird auf ihre Situation, bzw. auf Nordrhein-Westfalen als bevölkerungsreichstem Bundesland mit allein 30 Großstädten, im weiteren Verlauf besonders intensiv eingegangen.

Der Autor dieses Buchs war selbst 25 Jahre Ratsmitglied im besonders benachteiligten Kreis Recklinghausen, gelegen zwischen Dortmund und Gelsenkirchen. Dort haben sich die Kommunen seit 1990 immer weiter vom

© Der/die Autor(en), exklusiv lizenziert an Springer Fachmedien Wiesbaden GmbH, ein Teil von Springer Nature 2025
L. Holtkamp, *Die aktuelle Krise der Kommunen,* essentials,
https://doi.org/10.1007/978-3-658-50464-9_1

Haushaltsausgleich entfernt (Holtkamp 2010). Auch deshalb hält der Autor wenig vom Narrativ eines angeblich erfolgreich vollzogenen Strukturwandels im Ruhrgebiet, der sich überhaupt nicht in der sich zuspitzenden kommunalen Haushaltskrise widerspiegelt. Im Gegenteil: Durch die jahrzehntelange Sparpolitik ist die Infrastruktur im Ruhrgebiet rückständig bei zugleich hoher Abgabenlast der Wirtschaft, oder wie es der frühere Wirtschaftsminister Duin des Landes NRW im neuesten Kommunalfinanzbericht des Ruhrgebiets ausdrückt:

> „Im Verlauf der letzten Jahrzehnte und vor allem während des Stärkungspaktes Stadtfinanzen haben die Ruhrgebietskommunen alle Register der Haushaltskonsolidierung bereits gezogen […]. Der Preis dafür: eine desolate Infrastruktur, eine unterdurchschnittliche Leistungskraft zur Daseinsvorsorge und eine hohe Abgabenlast der Einwohner und der Wirtschaft. Das Ruhrgebiet hat sich…‚kaputtgespart'" (Junkernheinrich und Micosatt 2024, S. 3).

Aber diese Probleme könnten sich zukünftig nicht nur auf das Ruhrgebiet beziehen:

> „Die Kommunen in Deutschland haben 2024 mit etwa 25 Milliarden Euro das größte Defizit der bundesdeutschen Geschichte verbucht. Die Ursachen dieses Trendwechsels liegen in der hohen Inflation und der schwachen Konjunktur. Auch der Ausblick ist negativ" (Bertelsmannstiftung 2025a). Der Landkreistag konstatiert sogar: „Kommunalhaushalte kollabieren – bislang undenkbare Verschuldungsspirale droht" (Deutscher Landkreistag 2025).

Auch in der jährlichen Befragung der Oberbürgermeister des Deutschen Instituts für Urbanistik wird deutlich, dass die städtischen Finanzen 2024 zum alles beherrschenden Thema geworden sind:

> „Für 68% bleiben Finanzen das wichtigste Thema auf der kommunalen Agenda. Kein anderes Thema erreichte bei dieser Frage der OB-Befragung in den letzten zehn Jahren einen so hohen Wert" (DIFU-Berichte 1/2025, S. 6).

Wenn die Entwicklung so weitergeht, dann könnten sich diese Großstädte insbesondere in Nord- und Westdeutschland am Prototyp der handlungsunfähigen Selbstverwaltung im Ruhrgebiet orientieren, was nur wenig Raum für Optimismus lässt. Selbst hochrangige Finanzwissenschaftler konstatieren mittlerweile klar eine „massive Krise der Kommunalfinanzen" (Döring und Wohltmann 2025, S. 583).

Zweitens stellt die Klimakrise – ebenso wie die Maßnahmen zur Klimaanpassung – die Kommunen nicht nur im Ruhrgebiet vor große Herausforderungen. Die zusätzlichen Kosten zur Erreichung der kommunalen Klimaziele werden bis 2030 auf rund 170 Mrd. EUR geschätzt. Die Schäden durch Wetterextreme werden – je nach Studie – mit 300 bis 900 Mrd. EUR veranschlagt (Raffer 2023, S. 5 f.).

Zwar gelingt es in einigen wenigen strukturschwachen Großstädten immer wieder, durch frühzeitiges und starkes Engagement einzelner Akteure Fördermittel im Wettbewerb zu generieren. Doch eine Verstetigung dieses Engagements lässt sich angesichts befristeter Projektlaufzeiten kaum erreichen (Haupt und Kern 2022, S. 7 f.; vgl. vertiefend Holtkamp und Garske 2025).

Kein Wunder also, dass der Nachhaltigkeitsrat der Bundesregierung ein neues normatives Leitbild vorschlägt: „die handlungsfähige Kommune" (Rat für Nachhaltige Entwicklung 2024, S. 6) – also das genaue Gegenteil der in diesem Buch empirisch beschriebenen handlungsunfähigen Kommune:

> „Um handlungsfähig zu werden – oder zu bleiben – und als verlässliche, service-orientierte und bürgerzentrierte Institutionen vor Ort akzeptiert zu werden, benötigen Kommunen zwangsläufig eine viel bessere Finanzausstattung … Schon heute reichen die Mittel an vielen Orten bei Weitem nicht, um staatliche Dienstleistungen in der gebotenen Qualität und in akzeptablen räumlichen Umgebungen anzubieten". (2024, S. 6 f.).

Im Zuge der Energiewende kommen auf die Kommunen zusätzliche Herausforderungen in Form sich zuspitzender Standortkonflikte hinzu. Diese Konflikte können vermehrt zu Abwahlen, Bürgerentscheiden oder Klagen vor Verwaltungsgerichten führen. Erschwert wird dies dadurch, dass sich die AfD als rechtspopulistische Partei zunehmend in diese Konflikte vor Ort einmischt und dabei ihre Position bei Wahlen stärkt. Dies führt zu einer beträchtlichen Polarisierung. Kommunale Entscheidungsträger setzen die Energiewende daher nicht nur aus finanziellen, sondern zunehmend auch aus wahltaktischen Gründen nur noch eingeschränkt um.

Drittens führt der demografische Wandel dazu, dass die Kommunen älter und zugleich kulturell vielfältiger werden. Das muss kein Problem darstellen, wenn für die wachsende Zahl an Rentnern ausreichend ausländische Fachkräfte „nachrücken". In den vergangenen Jahren hat sich jedoch gezeigt, dass sich Asylbewerber und Migranten mit niedriger Qualifikation (nach zentraler Verteilung) überwiegend in den Armutsquartieren der Großstädte niederlassen. Die Konsequenz ist, dass Integration dort kaum gelingen kann.

In einer rein formalrechtlichen Betrachtung sollten die beschriebenen Aufgaben im Kontext der drei skizzierten Krisen kein Problem darstellen. Die grundgesetzlich garantierte kommunale Selbstverwaltung verleiht deutschen

Kommunen im internationalen Vergleich im Prinzip weitreichende Kompetenzen (Bogumil und Holtkamp 2023).

Die Erfahrungen aus den Ruhrgebietskommunen zeigen jedoch, dass diese formalen Kompetenzen nur eine erste Dimension kommunaler Handlungsspielräume darstellen.

Die zweite, mindestens ebenso wichtige Dimension der kommunalen Handlungsspielräume ist die kommunale Finanzausstattung (vgl. grundlegend Cucca und Ranci 2022, S. 1501).

Zentral sind dabei das örtliche Steueraufkommen, aufgelaufene Fehlbeträge und Kassenkredite, Eingriffe der Haushaltsaufsicht sowie die Förderpolitik von Bund und Ländern – all dies kann zur Entstehung handlungsunfähiger Kommunen beitragen.

Um hinter die Kulissen der formalen Selbstverwaltungsgarantie zu blicken, werden in den folgenden Kapiteln drei theoretische Erklärungsansätze bewusst kurz vorgestellt, die sich nicht nur auf das Ruhrgebiet beziehen lassen. Die theoretischen Konzepte leiten die empirische Analyse zweier zentraler Politikfelder, in denen auch künftig große Konflikte zu erwarten sind: der kommunalen Haushaltspolitik und der Energiepolitik. Beide Felder stehen unter dem Einfluss der eingangs erwähnten langwierigen Krisen.

Im zweiten Kapitel werden die Beharrungstendenzen (Pfadabhängigkeit) politischer Prozesse und Inhalte thematisiert. Das bedeutet: Politische Entscheidungen sind stark durch vergangene Weichenstellungen geprägt – etwa durch aufgetürmte Altschulden, die die aktuellen Handlungsspielräume in NRW massiv einschränken.

Im dritten Kapitel steht der Vetospieleransatz im Fokus, der weitere institutionelle Beschränkungen der Kommunen verdeutlicht. Empirisch wird hier auf die Rolle der Haushaltsaufsicht, von Bürgerentscheiden und Verwaltungsgerichten eingegangen.

Im vierten Kapitel wird das Konzept von Abwanderung und Widerspruch (Exit und Voice) nach Hirschman vorgestellt. Damit wird gezeigt, wie lokale Wirtschaft und Wählerschaft auf kommunale Entscheidungen und auf Maßnahmen der Haushaltsaufsicht reagieren. Für das Ruhrgebiet wird eine Abwärtsspirale skizziert, die sich durch die Abwanderung von Unternehmen und solventen Wählern (Exit) sowie durch die Wahl der AfD (Voice) beschleunigt.

Im Schlusskapitel werden die Ergebnisse systematisch zusammengefasst. Es wird diskutiert, welche Zukunftsoptionen – trotz schwieriger Ausgangslage – sich insbesondere für die nordrhein-westfälischen Kommunen ergeben könnten.

Beharrungstendenzen 2

Für Beharrungstendenzen (Pfadabhängigkeiten), die aus früheren Entscheidungen erwachsen, gibt es rationale, machtpolitische sowie von den Akteuren oft nicht reflektierte Gründe (Mahoney 2000, S. 517).

Wenn wesentliche Gruppen beispielsweise mehr Macht durch Kompetenzzuweisung bekommen, werden sie meistens die Kompetenzen auch bei späteren Reformen verteidigen, selbst wenn das zu keinen guten Politikergebnissen für die Kommune führt.

Weitere Gründe für Pfadabhängigkeit liegen in der Status-quo-Orientierung individueller Entscheidungen. Die Folgen von Reformen sind für Einzelne oft schwer abzuschätzen, während die Konsequenzen des Status quo als bekannt gelten. Hinzu tritt eine Verlustaversion, die stärkere Reaktionen in negativ betroffenen Gruppen erzeugt – Verluste wiegen schwerer als Gewinne (Orban et al. 2018, S. 134). Auf kommunaler Ebene richten sich daher viele Bürgerbegehren gegen räumliche Veränderungen im Wohnumfeld und setzen sich für die Bewahrung des Status quo ein (Holtkamp 2016).

2.1 Beharrungstendenzen und Strukturwandel des Ruhrgebiets

Der Strukturwandel des Ruhrgebiets wurde vielfach beschrieben. Häufig wird zusammengefasst, dass die Zahl der Industriearbeitsplätze seit Jahren rückläufig ist, während die Zahl der Studierenden deutlich zugenommen hat. In Politikberatung und Regionalmarketing gilt dies als Beleg dafür, dass sich das Ruhrgebiet bereits

L. Holtkamp, *Die aktuelle Krise der Kommunen*, essentials, https://doi.org/10.1007/978-3-658-50464-9_2

auf dem Weg zur ökologischen Wissensregion befindet – und es werden zahlreiche positive Entwicklungen hervorgehoben:

> „Durch die Gestaltung des sozioökonomischen Wandels konnte auch die Bevölkerungsentwicklung stabilisiert werden. Nach langjähriger Bevölkerungsabnahme verbleibt die Bevölkerung seit 2011 auf einem weitgehend konstanten Niveau. In Teilregionen des Ruhrgebiets steigt sie sogar an (Dortmund, Essen). Das Ruhrgebiet verzeichnet also wieder Wanderungsgewinne" (Heinze 2025, S. 32).

Zudem habe „das Ruhrgebiet die Weichen schon seit einigen Jahrzehnten auf Wandel gestellt („grünes" Revier) und kann sich nun als postmontaner Wohn- und Lebensraum präsentieren" (Heinze 2025, S. 40).

Demnach sei das Ruhrgebiet nicht nur für Unternehmen, sondern auch im Wettbewerb um Einwohner und „Köpfe" attraktiv.

Doch dieser Eindruck ist trügerisch: Dass das Ruhrgebiet nach Jahrzehnten der Schrumpfung heute keine Einwohner mehr verliert, lässt sich nur bedingt als Erfolgsindikator werten. Zwischen 2015 und 2023 kamen im Zuge der Asyl- und Ukrainekrisen knapp sechs Millionen Menschen zusätzlich nach Deutschland. Dass die Bevölkerungszahlen im Ruhrgebiet in diesem Zeitraum nur stagnieren, deutet vielmehr darauf hin, dass weiterhin eine erhebliche Abwanderung – vor allem höher Qualifizierter – stattfindet. Gleichzeitig ziehen überwiegend weniger qualifizierte Zuwanderer in die Armutsquartiere der Großstädte im Ruhrgebiet.

Die soziale Segregation hat sich dadurch deutlich verschärft. Die Korrelation zwischen dem Anteil der SGB II-Beziehenden und dem Ausländeranteil in den Stadtteilen ist heute im Ruhrgebiet höher als in jeder anderen Region Deutschlands (Helbig 2024, S. 269, 272).

Dieser Zuzug von Menschen mit niedriger Qualifikation ist weniger darauf zurückzuführen, dass das Ruhrgebiet ein besonders attraktiver Lebensraum „im Grünen" sei, sondern liegt vielmehr daran, dass Leerstände und sogenannte Problemimmobilien deutlich niedrigere Mieten ermöglichen als in anderen Großstädten.

Welche negativen Integrations- und Haushaltsfolgen für das Ruhrgebiet sich daraus ergeben, wird ausführlicher im Kapitel Abwanderung und Widerspruch thematisiert.

Das theoretische Konzept der Pfadabhängigkeit allein lässt bereits erkennen, dass ein grundlegender Wandel hin zu einer ökologischen Wissensmetropole eher unwahrscheinlich erscheint.

Angesichts dieser Pfadabhängigkeiten lohnt sich ein genauer Blick auf die empirischen Daten: Sprechen sie für einen tatsächlichen Wandel bzw. einen Pfadbruch – oder eher für symbolische Politik ohne nachhaltige Wirkung?

Ein Blick auf die wissenschaftliche Entwicklung im Ruhrgebiet im Vergleich zu anderen Regionen bestätigt die letztgenannte Vermutung eindrücklich. Zwar verfügt das Ruhrgebiet über viele Hochschulen und eine große Zahl an Studierenden, doch gelingt es zu selten, diese Akademiker im Anschluss in der Region zu halten. Dies lässt sich auch auf den vergleichsweise unattraktiven regionalen Arbeitsmarkt für Hochschulabsolventen zurückführen – was zu einem „Brain Drain", also der Abwanderung qualifizierter Arbeitskräfte, führt (Kiese 2019, S. 73). Selbst Städten wie Bochum, die sozioökonomisch noch relativ gut aufgestellt sind, gelingt es nicht, ihre Studierenden zu binden. Nach dem Abschluss zieht es viele in Regionen mit dynamischerem Arbeitsmarkt, insbesondere nach Süddeutschland (Plöger und Weck 2014, S. 452).

Als Ursache wird häufig auf die langjährigen kartellähnlichen Großindustriestrukturen verwiesen, die verhindert haben, dass im Ruhrgebiet ausreichend attraktive Arbeitsplätze zum Beispiel in der Wissensökonomie entstanden sind (Mitsch 2023, S. 41).

Zugleich ballen sich im Ruhrgebiet die Niedrigqualifizierten. Im Ranking der Raumordnungsregionen in Deutschland belegt das Ruhrgebiet alle vorderen Plätze hinsichtlich des Anteils an Menschen ohne beruflichen Abschluss (Geis-Thöne 2024, S. 80). Dies hängt auch mit der selektiven Zuwanderung seit Mitte der 2010er-Jahre zusammen.

Auch Existenzgründungen aus der Wissenschaft sind im Ruhrgebiet seltener. Trotz der hohen Studierendenzahlen erreicht die Region bei wissensbasierten Ausgründungen gerade einmal das Niveau von Potsdam oder Karlsruhe (Kriegesmann et al. 2019, S. 79).

Insgesamt hinkt das Ruhrgebiet anderen deutschen Metropolregionen hinterher – sowohl beim Wirtschaftswachstum als auch bei Beschäftigung und Innovationskraft (Hassink und Kiese 2021, S. 149).

Es gibt daher wenig Anlass, das Ruhrgebiet als Wissensmetropole einzuordnen. Ebenso fraglich ist das Prädikat „ökologisch". Umweltpolitik ist im Ruhrgebiet häufig eher symbolischer Natur. So malte etwa die Stadt Essen im Zuge ihrer Ernennung zur „Grünen Hauptstadt Europas" vor allem Bäume auf öffentliche Gebäude – während gleichzeitig das Ruhrgebiet in Konflikten mit Energiekonzernen kaum Durchsetzungskraft zeigte (Kosatica 2023, S. 150).

2.2 Beharrungstendenzen in der kommunalen Haushaltspolitik

Die Kommunen als Teil der Bundesländer im zweigliedrigen Staatsaufbau können keine Gesetze verabschieden oder reformieren oder sich ihnen entziehen. Das heißt, dass anders als auf Bundes- und Landesebene Städte zum Beispiel nicht die faktische Schuldenbremse (Haushaltsausgleich als Regel) aufheben können, falls sich zeigt, dass diese Regelungen nicht mehr zeitgemäß sind. Beispielsweise ist unstrittig, dass die Kommunen seit Jahrzehnten zu wenig investieren. Das liegt auch darin begründet, dass wenn der Haushaltsausgleich zwischen laufenden Einnahmen und Ausgaben nicht gelingt, die Haushaltsaufsicht des Landes einschreitet, wenn sich die Kommunen unter diesen Bedingungen stärker verschulden wollen, um wichtige Investitionen, z. B. in den Schulen, vorzunehmen. Wird der Haushaltsausgleich nicht erreicht, müssen die Kommunen sog. Kassenkredite aufnehmen, die im rechtlichen Sinne nur zur kurzzeitigen Überbrückung von Lücken im Haushalt dienen dürfen. Damit haben die Kassenkredite eine ähnliche Funktion wie der Dispositionskredit bei Privatkunden.

Dementsprechend müssen Kommunen dann in der Regel Haushaltssicherungskonzepte aufstellen, in denen sie zeigen, wie sie diese Lücken mittelfristig wieder ausgleichen können. In NRW waren dafür anfangs fünf Jahre veranschlagt und wenn das nicht erreicht wurde, wurde der Haushalt von der Aufsicht nicht genehmigt. Die Kommunen waren damit im Nothaushaltsrecht. Konkret hieß das, dass kaum noch Schulden für Investitionen aufgenommen werden durften, Druck der Aufsicht auf eine Erhöhung der Hebesätze der Grundsteuer und Gewerbesteuer ausgeübt wurde und keine Beförderungen in der Verwaltung mehr möglich waren (Holtkamp 2000). Als immer mehr Kommunen im Nothaushaltsrecht landeten und darin verblieben, hat man schließlich die Zeiträume der Haushaltssicherungskonzepte verlängert. Das hatte zur Folge, dass in den Medien vielfach berichtet wurde, dass es den Kommunen wieder besser geht, weil es unter sehr optimistischen Annahmen zunächst einfach schien, in zehn Jahren den Haushaltsausgleich wieder herzustellen. Dabei stiegen real aber die Kassenkredite in NRW weiter an, sodass schnell deutlich wurde, dass viele NRW-Kommunen den Haushaltsausgleich aus eigener Kraft niemals schaffen werden. Eine Möglichkeit wäre gewesen, das Haushaltsrecht für die Kommunen auf Landes- und Bundesebene grundlegend zu verändern und ihnen weitere Möglichkeiten zur Verschuldung zu eröffnen. Aber gerade die bundesstaatliche Finanzordnung weist eine extreme Pfadabhängigkeit auf (Schuppert 2007, S. 2). Eine grundlegende Reform des kommunalen Haushaltsrechts und der damit verbundenen faktischen Schuldenbremse war also keine realistische Option. Deshalb wählte man in NRW und in einigen anderen Bundesländern in den 2010er Jahren einen anderen Weg. Durch Konsolidierungshilfen des Landes im Zuge des Stärkungspakts sollte der Haushaltsausgleich wieder erreichbar sein.

In NRW war man von sehr hohen Kassenkrediten ausgehend, die seit den 1990er Jahren aufgelaufen sind, nicht besonders erfolgreich, während in den Kommunen anderer Bundesländer fast die Hälfte der Kassenkredite reduziert werden konnten. Dies hängt sicherlich auch damit zusammen, dass beim „Stärkungspakt Stadtfinanzen" der Haushaltsausgleich Vorrang vor einem konsequenten Schuldenabbau hatte – anders als etwa bei der „Hessenkasse" oder der jüngst verabschiedeten „Partnerschaft zur Entschuldung der Kommunen in Rheinland-Pfalz (PEK-RP)". Die Stärkungspaktmittel von immerhin 5,8 Mrd. EUR hätten gerade einmal ausgereicht, um Kassenkredite von vier hoch verschuldeten Kommunen im Ruhrgebiet zu tilgen.[1] Zu lange haben die Landesregierungen nur zugesehen, wie die Kassenkreditverschuldung gerade im Ruhrgebiet immer weiter angestiegen ist, bis sie einen Höchststand erreicht hatte, den auch der Landeshaushalt kaum noch schultern konnte (Holtkamp 2000).

Ein Blick auf den direkten Vergleich von Rheinland-Pfalz und NRW bis 2023, in denen die Kassenkredite ähnlich hoch lagen, zeigt, dass das erste Konsolidierungsprogramm in Rheinland-Pfalz zu einer deutlich besseren Entwicklung der Kassenkredite bei den Teilnehmerstädten geführt hat als der NRW-Stärkungspakt. Zugleich wird deutlich, dass in Rheinland-Pfalz die Grundsteuer B (bei deutlich niedrigerem Ausgangsniveau) nur um 140 Punkte gestiegen ist, während es in NRW 252 Punkte waren. Das wurde in NRW erreicht durch deutlich hierarchischere Eingriffe. Staatskommissare wurden hier für vier Kommunen eingesetzt (Bogumil und Holtkamp 2023).

Praxisbeispiel 1: Staatskommissare in NRW-Kommunen

Erstmals wurde ein Staatskommissar im Jahr 2013 in der Stadt Nideggen in NRW eingesetzt – die Stadt hatte nach eigenen Angaben in den Verhandlungen zum Haushaltsausgleich innerhalb der vorgegebenen Frist kein Ergebnis zur Erfüllung des Stärkungspakts erzielen können. Oder, wie es die Bürgermeisterin in den halbstandardisierten Interviews zur Phase vor der Bestellung des Staatskommissars sagte: *„Klar war uns allen, dass wir die Auflagen des*

---

[1] Das waren 2012 Essen mit gut 2,3 Mrd. EUR Kassenkrediten, Duisburg mit 1,7 Mrd., Oberhausen mit 1,5 Mrd. und Hagen mit 1,1 Mrd. Damit wären die insgesamt bereitgestellten 5,8 Mrd. allein für diese Städte aufgebraucht gewesen (Holtkamp und Fuhrmann 2014).

Tab. 2.1 Gegenüberstellung der Auswirkungen vom StP NRW (2011–2022) und KEF RLP (2011–2023) auf Hebesätze und Liquiditätskredite

Hebesatz Grundsteuer B	NRW Delta 2011–2022		RLP Delta 2011–2023	
	Ø StP	+252,6 (+55,71 %)	+140,25 (+40,29 %)	**Ø KEF**
	Ø Nicht StP	+128,8 (+31,55 %)	+116,4 (+34,74 %)	**Ø Nicht KEF**
Liquiditätskredite in Euro je EW	**Ø StP**	−285,00 (−15,69 %)	−509,31 (−29,51 %)	**Ø KEF**
	Ø Nicht StP	+54,00 (+15,61 %)	+551,51 (+341,24 %)	**Ø Nicht KEF**

Quelle: Springfeld (2025, S. 61)

Stärkungspaktgesetzes so nicht erfüllen. [...] Aber wir haben gesagt: Wir können nicht mehr [...] Wir haben... alles durchgearbeitet und die einzige Lösung wäre gewesen, die Grundsteuer auf 1000 Punkte zu erhöhen" (Holtkamp und Fuhrmann 2014).

Der Rat hat unter dem Staatskommissar in Haushaltsfragen nichts mehr zu beschließen. Er kann lediglich an den Sitzungen des Staatskommissars teilnehmen. Ratsmitglieder werden ebenso wie Bürger aus den nicht-öffentlichen Teilen der Sitzungen ausgeschlossen.

Im Jahr 2014 wurde ein weiterer Staatskommissar für die Stadt Altena bestellt. Im Jahr 2017 folgten Staatskommissare in Haltern am See und Herten (beide aus dem Ruhrgebiet), sodass immerhin in vier von 34 pflichtigen Stärkungskommunen die kommunale Selbstverwaltung außer Kraft gesetzt wurde. Als wesentliche Konsolidierungsmaßnahme wurde von der Aufsicht – wie es aufgrund der Erfahrung mit früheren Eingriffen zu erwarten war (Holtkamp 2012) – eine zeitlich gestaffelte Verdoppelung der Hebesätze der Grundsteuer B durchgesetzt, was die Städte als Wohnstandorte nicht attraktiver macht. Altena hatte so beispielsweise zwischen 1970 und 2012 bereits 43 % seiner Einwohner verloren, worin wohl auch einer der Gründe der städtischen Haushaltskrise zu suchen ist. Dementsprechend stieß die Verdoppelung der Grundsteuer auch bei den kommunalen Entscheidungsträgern auf wenig Verständnis.

Damit konnten allerdings die Haushaltsprobleme nicht vollends behoben werden, sodass in einer wissenschaftlichen Abwägung die Staatskommissare eher negativ eingeordnet wurden:

„Wenn die Effekte allerdings höchstens potenziell positiv bzw. unsicher sind, stehen die Einsätze womöglich nicht im Verhältnis zur Eingriffsintensität… In der vorliegenden Form und auf der Basis der bisherigen Erkenntnisse sind … [diese Staatskommissare; L. H.] keine Erfolgsgeschichte" (Zabler 2021, S. 227). ◄

Die Haushaltsaufsicht in Rheinland-Pfalz war demgegenüber kooperativer und kam ohne Staatskommissare aus (Springfeld 2025, s. Tab. 2.1). In der Wissenschaft wurde teilweise bemängelt, dass die rheinland-pfälzischen Kommunen unter den Hebesätzen der westdeutschen Bundesländer liegen, obwohl sie bei den Kassenkrediten gleichauf mit NRW lagen (Döring 2018). Demgegenüber wird im Kapitel Abwanderung und Widerspruch gezeigt, dass deutlich höhere Hebesätze auch für den Haushaltsausgleich mittelfristig eher negativ wirken können.

Ab dem Haushaltsjahr 2020 erhielten die NRW-Kommunen die Möglichkeit, pandemiebedingte Mehraufwendungen und Mindererträge haushaltsrechtlich zu isolieren. Mit Wirkung ab 2022 wurde diese Regelung auf kriegsbedingte Kostensteigerungen und Einnahmeverluste (z. B. Energiekosten, Kosten der Unterkunft und Heizung etc.) ausgeweitet. Beide Formen der Isolierung waren bis einschließlich 2023 zulässig. Die in diesem Rahmen erfassten Beträge konnten in den Jahresabschlüssen als „außerordentliche Erträge" in der Ergebnisrechnung ausgewiesen werden.

Kritiker bemängeln, dass die haushaltswirtschaftlichen Folgen lediglich in die Zukunft verschoben werden und Kommunen keine nachhaltige Entlastung geboten werde. Da keine Meldepflicht für die vorgenommene Isolierung von der Landesregierung implementiert wurde, ist das isolierte Finanzvolumen nur unzureichend bekannt.

Betrachtet man die einzeln erhobene kumulierte Isolierungssumme (Holtkamp und Garske 2023), so zeigt sich, dass im gesamten Finanzplanungszeitraum (von ursprünglich sieben Jahren) mal mit einer Isolierung von insgesamt 13,2 Mrd. EUR geplant worden ist.

Das durchschnittlich geplante Ergebnis ist in den Haushaltsplänen 2023 in allen Größenklassen trotz Isolierung negativ, was noch einmal die angespannte kommunale Haushaltslage in NRW zeigt.

Die Ergebnisse lassen erwarten, dass Kommunen spätestens zum Zeitpunkt der linearen Abschreibung der Isolierungssumme mit sozio-strukturellen Problemen, hohen Verbindlichkeiten und einer hohen Kassenkreditverschuldung stark belastet werden. Merken werden das vor allem Mitgliedskommunen des Regionalverbandes Ruhr (RVR), die überdurchschnittlich viel isoliert haben (vgl. vertiefend Holtkamp und Garske 2025). Fraglich ist, wie diese Kommunen plötzlich die zusätzlichen jährlichen Aufwandsbelastungen durch entsprechende

Ergebnisverbesserungen kompensieren sollen, ohne ihre finanziellen Handlungsspielräume weiter einzuschränken.

Nach Angaben des Regionalverbandes Ruhr belaufen sich zudem die Kassenkredite allein bei den Mitgliedskommunen bereits auf 11,9 Mrd. EUR und werden nach Auslaufen der Bilanzierungshilfe voraussichtlich weiter ansteigen. Nicht wenige Ruhrgebiets-Kommunen haben aufgrund von Überschuldung ihr Eigenkapital bereits aufgezehrt und keine Rücklagen mehr. Nach der Erhebung von Garske und Holtkamp (2024) sind gut 22 % der Ruhrgebietskommunen in 2023 auch nach neuem Haushaltsrecht (Doppik) überschuldet (N = 12), während bei den anderen Kommunen in NRW lediglich 1,2 % (N = 4) diesem Haushaltsstatus zuzuordnen sind.

> „Die Kassenkredite, der „kommunale Dispo-Kredit", sind primär die Folge von Haushaltsdefiziten und gelten seit jeher als zentraler Krisenindikator. Nach sechs Jahren des Abbaus steigen diese in Nordrhein-Westfalen 2024 wieder deutlich um rund 2,5 Milliarden Euro an. Bundesweit betrachtet, konzentriert sich das Problem immer stärker in Nordrhein-Westfalen (s. Abb. 2.1). Ein Viertel des bundesdeutschen Volumens entfällt auf lediglich neun Städte dieses Bundeslandes" (Bertelsmann Stiftung 2025).

Das ist auch deshalb der Fall, weil in Rheinland-Pfalz und im Saarland, in denen die Gemeinden noch 2023 eine ähnlich hohe Kassenkreditverschuldung pro

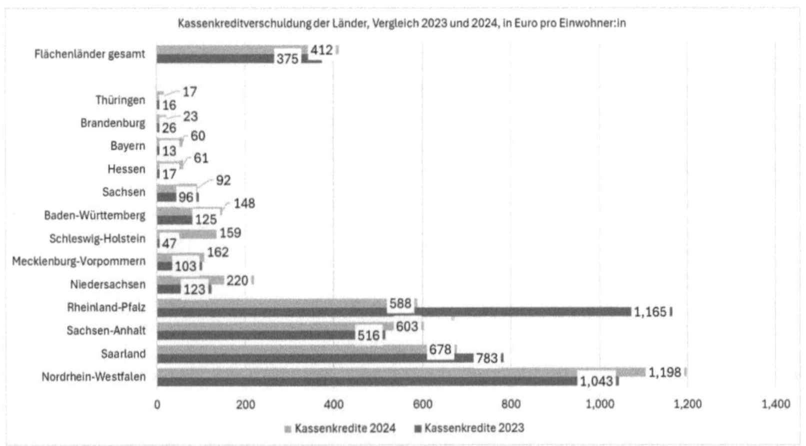

Abb. 2.1 Vergleich der Kassenkreditverschuldung der Länder in 2023 und 2024. (Quelle: eigene Darstellung nach Bertelsmannstiftung 2025b, S. 67)

Einwohner hatten wie in NRW, neue Landesprogramme zur Entschuldung der Kommunen aufgelegt und ausgezahlt wurden.

Gerade diese Kommunen haben wie in NRW jedes Jahr ein großes strukturelles Defizit, sodass dann mit der Kostenexplosion bei Zins- und Personalausgaben für die nächsten Jahre die Kassenkredite wieder stark steigen könnten. Die tiefe Krise der Kommunalfinanzen gilt also vor allem für NRW und größere Kommunen in Rheinland-Pfalz und Saarland, wobei in Ostdeutschland vor allem die Kommunen in Sachsen-Anhalt mit einer problematischen Haushaltsentwicklung auffallen.

2.3 Beharrungstendenzen in der kommunalen Energiepolitik

Die institutionellen Rahmenbedingungen der kommunalen Energiepolitik sind für die Implementation der Energiewende nicht günstig. Klimaschutz ist bisher in Deutschland noch überwiegend eine freiwillige Aufgabe für die Kommunen. Eine dauerhafte Zuweisung von Bund und Land ist nicht vorhanden. Es gibt lediglich immer wieder die Finanzierung einzelner Projekte in wettbewerblichen Verfahren, in denen sich Kommunen zunächst durch aufwendige Anträge durchsetzen müssen. Ist das für die Kommunen nicht möglich (z. B. weil das Personal fehlt) oder politisch nicht gewollt an dem Wettbewerb teilzunehmen, müssen kaum Maßnahmen für die Klimaanpassung oder gegen den Klimawandel in den Städten realisiert werden. Es gibt zudem kaum eine klare Abgrenzung der Verantwortlichkeiten über alle föderalen Ebenen hinweg (Schoenefeld et al. 2023, S. 12). Diese Intransparenz und mangelnde Verankerung als kommunale Aufgabe führt zu inkonsistenter Planung und gibt genügend Spielraum für symbolische Politik ohne Wirkung und für das Hin- und Herschieben von Verantwortung. So gibt es zwar klare Planungen auf der Bundesebene bei den Emissions- und Reduktionszielen, die in der Regel aber nicht auf die Kommunen runtergebrochen werden, wo die meisten Maßnahmen implementiert werden müssten. Den Kommunen steht es damit faktisch frei, welche Ziele sie tatsächlich verfolgen. Es gibt also wenig rechtlich Verpflichtendes und auch über Anreize der verschiedenen Landes- und Bundesprogramme ist bisher keine dauerhafte Ausfinanzierung und damit die Erledigung dieser freiwilligen Aufgabe möglich.

Praxisbeispiel 2: Kommunale Klimamanager als ineffektives Förderprogramm

Ein anschauliches Beispiel hierfür sind die diversen Förderprogramme auf Bundes- und Landesebene für kommunale Klimamanager, die deshalb hier etwas ausführlicher beschrieben werden sollen (vgl. Holtkamp und Garske 2025): Deren kontinuierliche Arbeit gilt als wichtiger Erfolgsfaktor für die Umsetzung der lokalen Energiewende. Sicherlich können Projektförderungen des Bundes und des Landes hilfreiche Ressourcen zur Verfügung stellen. Gerade für Ruhrgebietskommunen gilt aber, dass sie bereits die Pflichtaufgaben nicht umsetzen können und deshalb ist der Klimaschutz „der erste Anwärter auf Rotstift" (Behr 2016, S. 11).

Beim kommunalen Klimaschutz geht es dann in der Regel aber nicht um bescheidene Ansprüche, sondern hier soll politikfeldübergreifend eine integrative Steuerung realisiert werden (Klimaschutz als Querschnittsaufgabe) – wohlwissend, dass diese auf Widerstände der Fachverwaltungen treffen wird, und dass diese ihre Domänen verteidigen werden.

Diesen verfestigten Fachbereichsstrukturen werden dann bei komplexer Aufgabenstellung Klimamanager meist ohne Verwaltungserfahrung auf befristeten Stellen mit sehr kurzer Laufzeit gegenübergestellt. Gerade in kleineren Kommunen gibt es in der Regel keine eigenen Finanzmittel, um die Finanzierung der Personalstelle zu verstetigen (Kenkmann 2024, S. 107), und sie sind bereits bei der Antragstellung kaum in der Lage, jenseits des Alltagsgeschäfts die Zeit für einen ausgereiften Antrag aufzubringen. In größeren Kommunen ist das prinzipiell eher möglich, aber dafür sind die administrativen Aushandlungsprozesse und die zersplitterten Aufgaben zwischen einzelnen Fachverwaltungen und kommunalen Ausgründungen deutlich aufwendiger, was aufgrund der Machtstellung der Manager kaum geleistet werden kann. Auch für die Ruhrgebietskommunen gilt, dass die befristeten Klimaschutzmanager in der Regel nicht mit eigenen Mitteln fortgeführt werden können:

„Durch die Klimaschutzmanager/innen geschaffene Netzwerke brechen dann in der Regel mit dem Ende der Projektfinanzierung und der Beschäftigung der jeweiligen Personen weg" (Behr 2016, S. 12).

Eine wichtige Motivation von Bund und Ländern, diese Aufgaben auf die kommunale Ebene abzuwälzen, wird unter dem Begriff „blame avoidance" diskutiert. Zum Beispiel kann die eigene Untätigkeit von Bund und Ländern in der Klimapolitik, die zunehmend auf Proteste stößt, den Kommunen angelastet werden, indem sie als zuständige Ebene „geframt" werden.

In der Konsequenz werden die Probleme an das „schwächste Glied" (Bieling und Möhring-Hesse 2023, S. 219) im Föderalismus weitergereicht und bleiben damit weitgehend ungelöst.

Die Ministerialverwaltung trägt somit kaum die Belastungen einer kontinuierlichen Implementation der Energiewende, sodass sie sich auf die fortwährende Produktion von neuen Gesetzen und Programmen konzentrieren können (Knill 2020). Gerade am Ende einer Regierungsperiode, in der die Regierung die Abwahl befürchten muss, soll die Responsivität der Regierung durch neue Programme demonstriert werden, während die Implementationskapazitäten eher zurückgehen. Die Kommunen werden also mit der ineffektiven Förderungspraxis in die Rolle von „funktionalen Dilettanten" gedrängt. Höhere föderale Ebenen können sich mit immer mehr Programmen profilieren, die vermitteln, dass sie sich um alles kümmern, während die Implementationslasten auf die kommunale Ebene abgewälzt werden, wohlwissend dass viele Kommunen so überlastet sind, dass eine nachhaltige Implementation der Programme nicht möglich ist. ◀

Der wirtschaftliche Trend zu erneuerbaren Energien ist aber trotzdem bundesweit kaum umkehrbar und hat sich als neuer Pfad durchgesetzt. Die ähnlichen Vetopositionen (Bundesrat, Bundesverfassungsgericht etc.), die die erneuerbaren Energien überwinden mussten, müssten jetzt für einen Rückbau beispielsweise der Windenergie, wie es die AfD propagiert, genommen werden (Gründinger 2017, S. 565). Insgesamt wird sich damit der Pfad in Richtung erneuerbare Energien wahrscheinlich weiter festigen, wobei aber ein nochmaliges starkes Wachstum auf zunehmende, kommunale Widerstände stoßen wird.

Das ist einerseits darauf zurückzuführen, dass sich immer mehr Bürgerinitiativen insbesondere gegen Windkraftanlagen gründen und die Standorte wahrscheinlich problematischer werden (z. B. in Waldgebieten oder näher an der Bebauung), weil die sofort realisierbaren Standorte mit weniger Widerstand bereits umgesetzt wurden. Zweitens sind die Energiekosten in Deutschland im Vergleich zu anderen EU-Ländern sehr hoch. Dieser Standortnachteil für die deutsche Wirtschaft wird zumindest nicht dauerhaft durch staatliche Subventionen kompensiert werden können, weil der Bund sich in den letzten Jahren hoch verschuldet hat. Zudem hat die Energiewende damit eine soziale Schlagseite für geringer verdienende Haushalte, was u. a. die AfD versucht, auszunutzen.

Vetopositionen als Einschränkungen der Kommunen

3

Bürger verfügen über eine starke Position im kommunalen Willensbildungs- und Entscheidungsprozess. Mit der Einführung der Direktwahl des (Ober-)Bürgermeisters und den Instrumenten der direkten Demokratie wie Bürgerbegehren und -entscheiden wird heute überwiegend der baden-württembergischen Kommunalverfassung gefolgt (süddeutsche Ratsverfassung), womit die Anzahl der Vetopositionen für die Wählerschaft gestiegen ist. Vorhandene Partizipationsmöglichkeiten wurden im Zeitverlauf zudem um verschiedene Elemente der kooperativen Demokratie wie Runde Tische – beispielsweise im Zuge der Lokalen Agenda, der lokalen Kriminalprävention, des Stadtmarketings oder von Standortkonflikten in der Energiewende – ergänzt.

Inwieweit die unterschiedlichen Formen der Demokratie (repräsentative, direkte und kooperative Demokratie) kombiniert werden können, ist allerdings umstritten. Einerseits wurde prognostiziert, dass die Elemente der direkten und kooperativen Demokratie gut zur repräsentativen Demokratie passen, diese bereichern (Kersting 2004) oder zumindest positiv beeinflussen können (Geißel et al. 2014, S. 492). Norbert Kersting (2004) prognostizierte der Kombination sogar eine gute Output-Legitimation und hohe Leistungsfähigkeit, weil sich Partizipation auch unter ökonomischen Effizienzgesichtspunkten rechne; eine Nichtbeteiligung der Partikularinteressen dagegen potenziell Proteste und Klagen provoziere, die Wirtschaft abschrecke und Städte so teuer zu stehen komme (S. 249). Andererseits kann vor dem Hintergrund eigener Untersuchungen entlang von Fallstudien ein anderes Bild gezeichnet werden: Die Formen der Demokratie sind nicht beliebig miteinander kombinierbar, ohne dass beispielsweise Blockaden drohen (Holtkamp und Garske 2025).

Um das wirkmächtige Zusammenspiel aus Konkurrenzdemokratie und Vetopositionen zu diskutieren, werden Fallbeispiele im Feld der kommunalen

© Der/die Autor(en), exklusiv lizenziert an Springer Fachmedien Wiesbaden GmbH, ein Teil von Springer Nature 2025
L. Holtkamp, *Die aktuelle Krise der Kommunen,* essentials,
https://doi.org/10.1007/978-3-658-50464-9_3

Haushalts- und Energiepolitik herausgestellt. Je nach Konfiguration gehen diese mit Blockadegefahren bzw. einem problembehafteten Output einher.

Tab. 3.1 zeigt zudem, dass deutlich mehr Vetopositionen auf kommunaler Ebene existieren als zunächst angenommen (Bogumil 2001, S. 253). Die Akteurskonstellationen, die im nächsten Unterkapitel genauer beschrieben werden, sind hier schon berücksichtigt.

Lange wurden zudem lediglich kooperative Formen der Interessenvermittlung berücksichtigt und plurale Spannungsfelder auf kommunaler Ebene vernachlässigt (z. B. Bogumil 2001, S. 253). Dass neben Oppositionsparteien in der Konkurrenzdemokratie auch kritische zivilgesellschaftliche Gruppen oder Verbände und Eigentümer ein Interesse an der Auslösung der vielen Vetopositionen haben können, stand zunächst nicht auf der Agenda.

Bcrücksichtigt man dicsc Schwächcn der lokalen Politikforschung, werden die im Folgenden zu präsentierenden, empirisch beobachteten Konfliktpotenziale und Blockadegefahren verständlicher.

Betrachten wir zunächst das Zusammenspiel von Konkurrenzdemokratie und Vetopositionen auf kommunaler Ebene. Es kann beobachtet werden, dass sich seit Mitte des letzten Jahrhunderts analog zur Bundesebene insbesondere in den vielen einwohnerstarken Städten Nordrhein-Westfalens die Konkurrenzdemokratie deutlicher herausgebildet hat (Holtkamp 2008). Zu dieser Zeit standen sich in den Kommunalvertretungen ein linker und ein bürgerlich-konservativer Block gegenüber. Der Parteienwettbewerb war hoch und wurde, wie auch die informellen Entscheidungsmuster, bis heute pfadabhängig fortgesetzt – trotz institutioneller Reformen wie der Einführung der Direktwahl des (Ober-)Bürgermeisters oder erleichterten direktdemokratischen Zugängen (Quoren Bürgerbegehren etc.). Die parlamentarische Opposition verzichtet auch heute nicht auf den Einsatz von Vetopositionen, was die Blockadegefahr nicht gerade abschwächt.

Mit Einzug der Alternativen für Deutschland (AfD) in die Parlamente ist auch eine zunehmende Polarisierung lokaler Willensbildungs- und Entscheidungsprozesse deutlich sichtbar geworden (zur Wahrnehmung der Polarisierung in ostdeutschen Kommunen vgl. Nicke 2021, S. 28).

Insgesamt ist eine deutliche Zunahme der Nutzung direktdemokratischer Vetopositionen durch Rechtspopulisten zu beobachten. Sie profilieren sich nicht mehr nur über Fremdenfeindlichkeit oder innere Sicherheit, sondern auch in NIMBY-Konflikten, also lokalen Widerständen gegen Projekte, die in unmittelbarer Nähe entstehen, im Zuge der Energiewende. Zugleich sind AfD-Sympathisanten von allen Parteien am stärksten davon überzeugt, dass der Klimawandel nicht über-

Tab. 3.1 Kommunale Verhandlungsdemokratien und Entscheidungsstrukturen

	Parteien	Gesellschaftliche Interessen	Vetopositionen
Bund	• Konkurrenzdemokratie	• Korporatismus in der Sozialpolitik • Pluralismus in den meisten anderen Politikfeldern	• z. B. Bundesrat
Kommunen	Hohe Varianz: • Konkordanz BW und neue Bundesländer bzw. Kleinstadt • Konkurrenz NRW und Hessen bzw. Großstadt	• Kooperative Demokratie • Korporatismus • Konflikte mit Zivilgesellschaft • Nichtbeteiligung „schwacher" Interessen; Stadtteile • Bipolare Verhandlungen	• Bürgerbegehren und bedingt Ratsbegehren • Direktwahl; Abwahl in der Amtsperiode • Haushaltsaufsicht • Verwaltungsgerichte • Koalitionspartner in der Konkurrenzdemokratie • Public Private Partnerships (PPP) • Landes- und Regionalplanung

(Fortsetzung)

Tab. 3.1 (Fortsetzung)

	Parteien	Gesellschaftliche Interessen	Vetopositionen
Kommunale Akteure	• Bei Konkordanz starker verwaltungszentrierter langjähriger Bürgermeister, Kämmerer und bedingt Wählergemeinschaften bei geringem Parteienwettbewerb; schwache Fachpolitiker, schwache Fraktionsvorsitzende bei einzelnen starken Honoratioren im Rat durch Persönlichkeitswahl Rat für Feierabendpolitiker • Bei Konkurrenz: Mehrheitsfraktionen und bedingt der eher politikzentrierte Bürgermeister (Probleme bei Kohabitation); starke Stellung Fraktionsvorsitzende wegen Fraktionsdisziplin und Parteienwettbewerb; häufiger Wechsel der Kämmerer führt zu schwacher Position; starke Fachpolitiker; Fraktionsspitze als Teilzeit-/Berufspolitik; starke Fragmentierung des Parteiensystems; Rechtspopulistische Parteien verschärfen den Parteienwettbewerb	• Starke Verwaltung und Wohlfahrtsverbände im Korporatismus bei eingeschränktem Parteienwettbewerb im Jugendhilfeausschuss (JHA) • In der kooperativen Demokratie Bürgermeister, Verbände und engagierte Bürger; • Bei Konkurrenzdemokratie zusätzlich die Mehrheitsfraktionen; Störung der kooperativen Demokratie durch AfD • Konflikte mit Bürgerinitiativen und sozialen Bewegungen (letztere fast nur in Großstädten) kaum im Konsens lösbar • Bipolare Verhandlungen der Verwaltung mit Eigentümern oder Vorhabensträgern	Auslöser der Vetopositionen: • Oppositionsparteien in der Konkurrenzdemokratie • Bürgerinitiativen • Soziale Bewegungen • Engagierte Bürger • Verbände • Initiativen aus reichen Stadtteilen • Eigentümer und Vorhabensträger • Rechtspopulistische Parteien

Quelle: Holtkamp und Garske 2023; hier: aktualisiert

wiegend vom Menschen verursacht wurde (Otteni und Weisskircher 2022, S. 323 f.). Es handelt sich also nicht nur um ein Eingehen auf lokale Konflikte, sondern es steht durchgehend eine politische ideologische Parteiposition gegen die Energiewende dahinter. Rechtspopulisten vor Ort werden somit bei der Implementation von nationalen Politiken zu einer zentralen Herausforderung.

Festzuhalten bleibt, dass mit den AfD-Fraktionen in den Kommunalparlamenten zwei Probleme entstehen können. Einerseits kann dies zu einer starken Polarisierung führen, die in Kombination mit den vielen Vetopositionen die kommunalen Handlungsspielräume weiter verkleinert und effektives Regieren erschwert (vgl. zuletzt Ellger 2024, S. 1331). Andererseits kann es eine bewusste Strategie der AfD vor Ort sein, sich eher als unpolitische „Kümmerer" zu inszenieren, um nicht abschreckend auf einige Wählergruppen zu wirken. Das kann zu einer Normalisierung (vgl. Domann 2024) der AfD in der politischen Wahrnehmung führen, und dass die „Brandmauer" der Volksparteien zur AfD bröckelt, die häufiger schon in Ostdeutschland längst gefallen ist (Dietze et al. 2024, S. 26). Die Folge wäre, dass die AfD mehr Einfluss auf Regierungsentscheidungen bekäme und sich auch in Westdeutschland fest im Parteiensystem etablieren würde. Noch zeigt sich beispielsweise in niedersächsischen Kleinstädten, dass die Brandmauer steht und die AfD kaum Einfluss auf politische Entscheidungen nehmen kann (Holtkamp 2025). Das ist aber auch darauf zurückzuführen, dass die AfD vielerorts noch gar nicht zu den Kommunalwahlen in Niedersachsen angetreten ist und somit die Wählerschaft rechtsextremistische Parteien nicht wählen konnte. Sollte sich aber der Prozess der Normalisierung und Etablierung weiter fortsetzen, dürfte es der AfD leichter fallen, auch in kleineren westdeutschen Städten genügend Mitarbeiter zu finden, um allerorts eine eigene Liste zur Kommunalwahl aufstellen zu können.

In der bisher umfassendsten Untersuchung des Abstimmungsverhaltens des Stadtrates und der Kooperation mit der AfD in west- und ostdeutschen Kommunen zeigte sich, dass solche Kooperationen am stärksten in ländlichen Regionen Ostdeutschlands zu finden sind (Schröder et al. 2025, S. 16). In Bezug auf einzelne Parteien wurde festgestellt, dass insbesondere die Wählergemeinschaften dazu neigen, gemeinsam mit der AfD zu stimmen. Darauf folgt zumindest in ostdeutschen Kommunen schon die CDU. Am wenigsten gemeinsame Abstimmungen mit der AfD haben die Grünen und die Linke zu verzeichnen, worin sich einerseits die links-rechts-Polarisierung zeigt und andererseits auch die Konfliktlinie pro und contra Energiewende widerspiegelt.

3.1   Haushaltspolitik

In vergleichenden Fallstudien zur kommunalen Haushaltspolitik konnte gezeigt werden (Bogumil und Holtkamp 2016), dass die in Nordrhein-Westfalen ausgeprägte funktionale Trennung der Kommunalvertretungen in Oppositions- und Mehrheitsfraktion vielerorts eine fraktionsübergreifende Haushaltskonsolidierungspolitik verhinderte. Hauptverwaltungsbeamte und Kämmerer weisen eine stärkere personelle Parteipolitisierung auf und werden von Ratsmitgliedern anderer Parteien kaum als parteiunabhängige Moderatoren akzeptiert. Eine im Zeitverlauf steigende Fragmentierung der Kommunalvertretung, sprich eine hohe Zahl an Parteien, Wählervereinigungen und Einzelmandatsträgern, erschwert die Mehrheitsbildung bei einer höheren Zahl an potenziellen Vetospielern (Bogumil und Holtkamp 2023).

Anders als in Baden-Württemberg ist die Stellung der Kämmerer insbesondere in den kreisfreien Städten je nach Mehrheitskonstellation deutlich schwächer. Als Beigeordnete können sie jederzeit abgewählt bzw. ausgetauscht werden (§ 71 GO NRW), was sich dann deutlich auf die Performanz langfristiger Konsolidierungsprogramme auswirken kann.

Auch deshalb ist die kommunale Haushaltsaufsicht in Nordrhein-Westfalen eher ein restriktiver Vetospieler, während in Baden-Württemberg die Haushaltsaufsicht kaum die Notwendigkeit sieht, restriktiv zu handeln. Kommunalhaushalte sind dort deutlich häufiger auf Gleichgewichtskurs. Neben vergleichsweise günstigen (sozioökonomischen) Rahmenbedingungen können notwendige Konsolidierungsprozesse unter den gegebenen Akteurskonstellationen besser durchgesetzt werden (Bogumil et al. 2014). Traditionell bestimmen Wählervereinigungen und die schon damals (häufig parteilosen) direktgewählten (Ober-) Bürgermeister die lokale Szenerie. Es kommt selten zu Kampfabstimmungen. Weit mehr wird unter der langjährigen Führung von (Ober-)Bürgermeistern und Kämmerern (als Steuerungspolitiker) ein parteiübergreifender Konsens angestrebt (Bogumil und Holtkamp 2016). Dementsprechend können sich ausgabenexpansive Fach-Basis-Koalitionen in den Fachausschüssen (Kooperation bestehend aus Fachpolitikern, Fachämtern und Interessengruppen) in Baden-Württemberg seltener durchsetzen.

Weitere Vetopositionen sind in Bürgerbegehren zu sehen. Meist mit Unterstützung der Oppositionsparteien richten sich Bürgerbegehren in Nordrhein-Westfalen immer wieder gegen weitreichende Konsolidierungsbemühungen. Wegen der Status-quo-Orientierung der Bürger waren sie vielerorts erfolgreich (Holtkamp 2016). Allein die Androhung eines solchen Begehrens kann die Mehrheitsfraktion bei hoher Wettbewerbssituation dazu verleiten, auf unpopuläre Entscheidungen (Leistungsspektrum reduzieren etc.) zu verzichten. Somit wirken

Begehren hier als das „Damoklesschwert" kommunaler Entscheidungen (Bogumil 2001, S. 209).

In konkordanzdemokratischen Konstellationen, in denen Konsolidierungsstrategien meist unter Einbindung vieler Akteure gemeinsam verabschiedet werden, ist weder die Unterstützung und/oder Initiierung von Begehren durch Parteiorganisationen zu erwarten, noch der Umstand, dass die Opposition allein im Protest gegen den Konsolidierungspfad in der Kommunalwahl Stimmen hinzugewinnen kann (Holtkamp 2016).

3.2 Energiepolitik

Damit wird von der Haushaltspolitik zur kommunalen Energiepolitik übergegangen, in denen Vetopositionen potenziell häufiger Blockaden verursachen können, unabhängig vom Kommunalsystem.

Adrian Vatter adressiert besonders prägnant die Probleme direktdemokratischer Vetopositionen (Sankt-Florian- bzw. NIMBY-Prinzip) im Zuge der Analyse des Volksentscheids zu Stuttgart 21: Es konnte zwar landesweit eine Zustimmung beobachtet werden, doch votierten Bürger mit größerer (Bahnhofs-)Nähe und Betroffenheit (Baulärm etc.) deutlich häufiger gegen das Infrastrukturprojekt. Vatter und Heidelberger (2014, S. 39) bestätigen damit die These des nutzenmaximierenden Akteurs, der je nach örtlicher Nähe und Fall „zu seinen Gunsten" entscheide. Dabei fällt auf, dass insbesondere ältere Bürger dem NIMBY-Prinzip folgen, auch weil sie aus einer Rational Choice Perspektive eine schlechtere Kosten-Nutzen-Bilanz wahrnehmen. Sie sind als Rentner besonders lang dem Baustellenlärm ausgesetzt und werden nur noch kurze Zeit einen Nutzen beispielsweise aus Stuttgart 21 ziehen können (Ahlfeldt et al. 2016, S. 33).

Somit ist das NIMBY-Prinzip ein zentrales kommunalspezifisches Problem der direkten Demokratie, wodurch auch überörtliche Projektvorhaben wie beispielsweise Infrastrukturprojekte im Zuge der erneuerbaren Energien (Windkraftanlagen, Netzausbau etc.) gefährdet bzw. blockiert werden können. Begehren gegen Windkraftanlagen sind keine Ausnahmeerscheinung mehr.

Speziell Bürgerinitiativen und bedingt soziale Bewegungen nutzen dann oft direktdemokratische Vetopositionen und/oder ziehen mit Unterstützung von Umweltverbänden vor Verwaltungsgerichte (zum Verbandsklagerecht siehe unten), leiten die Abwahl des Bürgermeisters ein (Holtkamp und Garske 2022) und setzen kommunale Entscheidungs- und Mandatsträger so erheblich unter Druck. Hinzu kommen unkonventionelle Strategien, wie zum Beispiel das Aufhängen von Brutkästen für Fledermäuse, „wohl wissend, dass alle in Deutschland

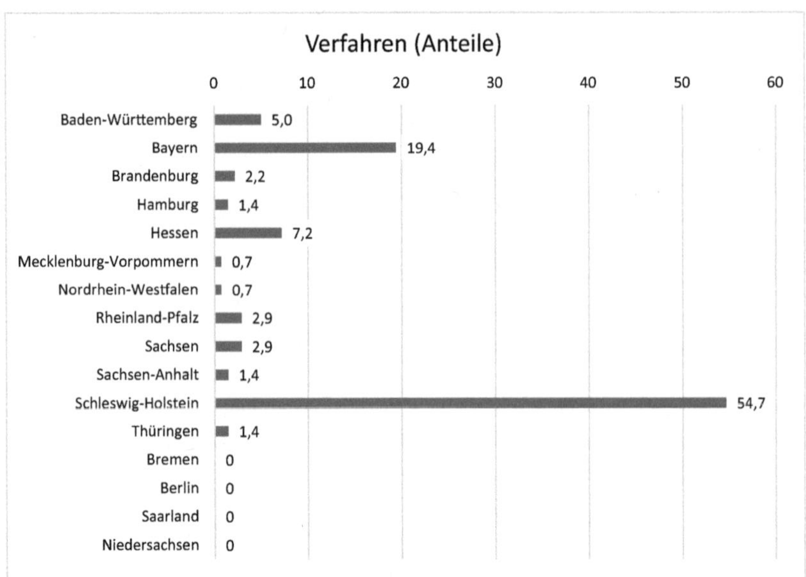

Abb. 3.1 Bürgerentscheide zur Windkraft gruppiert nach Bundesländern. (Quelle: eigene Recherche in der Wuppertaler Datenbank für direkte Demokratie)

vorkommenden Fledermausarten auf der roten Liste stehen" (Winkelmann und Birner 2022, S. 447).

In Bayern sind verschiedene Protestformen schon als eine landesweite Bewegung einzuordnen, „wodurch sich eine neue gesellschaftliche Protestkultur der NIABYs (not in anybodys backyard) etablierte" (Lauer 2025, S. 252).

Im Kontext der Energiewende interessiert vor allem die Verteilung der Bürgerentscheide gegen Windkraftanlagen über die Bundesländer.

Abb. 3.1 gibt einen Überblick über die Verteilung von Bürgerentscheiden (pro und contra Windkraft) in den verschiedenen Bundesländern.

Wie aufgrund älterer Daten zu erwarten war (Rode 2014), liegen hierbei Schleswig-Holstein und Bayern vorn. Nach den Gemeindeordnungsreformen sind aber auch in Baden-Württemberg und Hessen traditionell Bürgerbegehren gegen Bebauungsplanungen zulässig. Mit der Senkung der Hürden durch Streichung von Bebauungsplänen aus dem Negativkatalog verstärkt sich das NIMBY-Problem bei der Umsetzung der Energiewende.

Abwanderung und Widerspruch als Reaktion von Wirtschaft und Wählerschaft

4

Die Reaktion der Wirtschaft und der Wählerschaft auf kommunalpolitische Beschlüsse und Eingriffe der Haushaltsaufsicht im städtischen Wettbewerb können auf der Grundlage des Konzepts von Abwanderung und Widerspruch (Exit und Voice) veranschaulicht werden, das von Hirschman bereits vor Jahrzehnten entwickelt wurde.

Die Abwanderung gibt nach Hirschman eine klare, aber wenig detailreiche, Information an die Anbieter. Dabei stellt Hirschman für Organisationen fest – was man bedingt auch auf die Städte im Wettbewerb um Einwohner und Gewerbesteuerzahler übertragen kann –, dass die Exit-Option nicht selten einflussreicher ist als die Voice-Option (Hirschman 1974, S. 107).

Wesentlich für die Wirksamkeit der Exit-Option ist, dass sie für die Organisation mit Einnahmeverlusten einhergeht (ebd., S. 19) – im hier zu betrachtenden Beispiel von Regionen und Kommunen also vor allem durch Mindereinnahmen bei den kommunalen Steuern. Er geht davon aus, dass die Exit-Option bei öffentlichen Dienstleistungen die Voice-Option schwächt, die noch zu einer Verbesserung der Dienstleistungsqualität beitragen könnte. Diejenigen, die sich aufgrund ihres hohen Bildungsniveaus am besten zu Wort melden könnten, wandern ab in weniger benachteiligte Viertel und Städte. Sie können sich einen optimalen Wohn- oder Gewerbestandort aussuchen. Währenddessen verbleiben sozial Schwächere meistens in Kommunen oder Stadtteilen, die durch Abwanderung und Schwächung der Voice-Option an Qualität einbüßen.

L. Holtkamp, *Die aktuelle Krise der Kommunen*, essentials, https://doi.org/10.1007/978-3-658-50464-9_4

25

4.1   Haushaltspolitik

Hohe Schulden- bzw. Defizitbelastungen haben in Nordrhein-Westfalen bereits in der Vergangenheit zu starken Eingriffen der Aufsichtsbehörden bis hin zur Einsetzung von Staatskommissaren geführt. Dabei wurden vor allem zwei Hebel eingesetzt: Zum einen wurden Haushalte nicht genehmigt, mit der Folge, dass kaum noch öffentliche Investitionen getätigt werden konnten. Zum anderen wurde immer wieder Druck auf die Kommunen ausgeübt, die Grund- und Gewerbesteuerhebesätze zu erhöhen. Im Ergebnis hat insbesondere das Ruhrgebiet als tendenziell strukturschwache (Metropol-)Region die höchsten Hebesätze (mit weiteren Verweisen Holtkamp und Garske 2024).

Dementsprechend kommt der Kommunalfinanzbericht der Metropole Ruhr 2023 zu einem eindeutigen Urteil: „Es macht das Ruhrgebiet […] zu der Hochsteuerregion in Deutschland – eine Situation, die mittel- und langfristig die Standortattraktivität für Unternehmen beeinträchtigt und deshalb zurückgeführt werden muss" (Junkernheinrich und Micosatt 2023, S. 11).

Dies ist auch deshalb von Bedeutung, weil sich einzelne Kommunen in NRW als „Steueroasen" profilieren und Standortvorteile generieren. Das ist in NRW im Vergleich zu den anderen Bundesländern sehr ausgeprägt der Fall, weil die Hebesätze hier besonders hoch sind. Deshalb ist der Anreiz für eine gegenteilige Strategie vorhanden, weil es sich für Unternehmen bei immer größer werdender Differenz der Hebesätze eher lohnt, ihre Hauptsitze in die Oasen zu verlegen, sodass die Profilierungsstrategie dieser Städte aufgehen kann.

Eine Dissertation über Monheim am Rhein (im Düsseldorfer Speckgürtel gelegen) kommt zu dem Ergebnis, dass Unternehmen sehr wohl auf sehr unterschiedliche Hebesätze reagieren und die Zahl der Unternehmensgründungen mit steigenden Hebesätzen zurückgeht – mit allen Konsequenzen für die kommunalen Steuereinnahmen als wichtigste Einnahmeposition. Eine Senkung der Hebesätze in Kommunen mit guter Finanzausstattung kann sich also lohnen. Analysen zeigen zugleich, „dass die Senkung der Steuerlast neue Unternehmen anzieht […]. In der Folge werden Kommunen mit höheren Hebesätzen bestehende Unternehmen zwar nicht verlieren, aber sie sind für Neugründungen unattraktiv" (Oster 2021, S. 163).

Wirtschaftsunternehmen und Wähler sind hohen Steuerhebesätzen also nicht ganz hilflos ausgesetzt und können die Exit- oder Voice-Option wählen (z. B. Abwanderung inklusive Nichtzuzug; vgl. zu weiteren Optionen Bergmann et al. 2024).

Dabei sind kleine Hebesatzänderungen sicherlich nicht für viele Unternehmen relevant. Wenn allerdings, wie zum Beispiel in der Ruhrgebietskommune Oberhausen, sehr hohe Hebesätze mit einem zugleich schlechten Stadtimage einhergehen, dann sind Abwanderungsprozesse beobachtbar. Nicht selten wird dann nur der Steuersitz des Unternehmens verändert, während die Belastungen durch Produktion und Zulieferverkehr verbleiben (Bui et al. 2025, S. 23, 33). Wenn Firmen über Abwanderung nachdenken, dann spielt der Hebesatz der Zielkommune neben anderen Faktoren eine wichtige Rolle (Kovalenko und Schröpf 2024, S. 33). Auch wenn Abwanderung hohe Transaktionskosten produziert, wird von den Unternehmen bei Steuerschocks zumindest weniger in den Standort investiert (Link et al. 2023, S. 28).

Demgegenüber ist die Drohung mit Abwanderung in z. B. andere Städte für einzelne Bürger eher ineffektiv, auch weil hier zunächst keine allzu einschneidenden haushaltswirtschaftlichen Nachteile zu erwarten sind. Zu berücksichtigen dabei ist aber, dass solche Wanderungsprozesse in der Regel sozial selektiv verlaufen. Vielfach sind es die jungen, gut ausgebildeten und mobilen Arbeitnehmer, Selbstständigen, Kulturschaffenden etc., die eher abwandern, während für den Rest die Steuereinnahmen bei unveränderter Infrastruktur sinken (Remanenzkosten). Das Gemeindefinanzsystem ist zudem beispielsweise bei den Schlüsselzuweisungen stark auf die Einwohnerzahl ausgerichtet, sodass die Kommunalpolitik Wanderungsverluste eigentlich vermeiden will und somit auf eine wachsende Stadt setzt (Boeth und Kühn 2022, S. 744). Allerdings haben die Ruhrgebietskommunen kaum die Haushaltsmittel, um mit Lockangeboten, wie sehr niedrige Kindergartengebühren in Düsseldorf, aktiv neue Einwohner zu rekrutieren.

In der Metropolregion Ruhr kam es bereits vor der Polykrise zu Bevölkerungsverlusten, während andere Metropolen deutliche Wanderungsgewinne verzeichneten (Röhl 2019, S. 49). Die hohen Grundsteuerhebesätze im Ruhrgebiet (in Teilen über 900 v. H.) haben hierzu einen kleinen negativen Beitrag geleistet.

Gerade die kleineren Städte in NRW verdoppelten die Grundsteuerhebesätze im Stärkungspakt und führten die Ausgaben zurück (Fremery et al. 2024, S. 22).

„Some citizens thus voted on the policy with their feet. Moreover, residents showed their discontent at the ballot box. Mayors of smaller municipalities subject to the Stärkungspakt were significantly less likely to be elected for another term in office. This voter backlash can be rationalized by the policy-induced welfare losses among the electorate" (ebd., S. 22).

Das kann noch andere Folgen haben: Die verbleibende Bevölkerung hat als Wählerschaft immer noch eine „Voice-Option". Gelegentlich als Rache der Dörfer und benachteiligter Regionen bezeichnet, könnte die Wählerschaft z. B. dazu tendieren, verstärkt rechtspopulistische Parteien zu wählen (Bogumil und Holtkamp 2023).

So konnte die AfD in altindustriell geprägten Städten des Westens, wie z. B. im Ruhrgebiet, vergleichsweise gut abschneiden. Es ist zu vermuten, dass Wähler in Regionen mit einem in der Vergangenheit deutlich höheren sozioökonomischen Status besonders sensibel bzw. empfänglich für AfD-Narrative sind. In Nordrhein-Westfalen setzen Rechtspopulisten immer wieder auf Wahlslogans, die das ehemals sozialdemokratische Arbeitermilieu ansprechen sollen („Arbeiter vertrauen der AfD", „Im Herzen Sozi – Deshalb AfD" (Berger 2022, S. 65 f.), und scheinen damit durchaus erfolgreich zu sein.

Die Tendenz hat sich bei der Landtagswahl 2022 bestätigt. Die AfD ist in Städten besonders stark, „wo der Anteil der Arbeitslosen an der erwerbsfähigen Bevölkerung besonders hoch ausfällt, als auch dort, wo Kommunen stärker überschuldet und weniger handlungsfähig sind" (Diermeier 2022, S. 8).

Mit Exit und Voice könnten die Unternehmen auf rechtspopulistische Entwicklungen reagieren, denn die Mehrheit der Unternehmensvertreter steht der AfD deutlich distanziert gegenüber. Zwar ist eine Abwanderung ansässiger Unternehmen aufgrund des Imageschadens und der mangelnden Integration neuer ausländischer Fachkräfte in AfD-Hochburgen angesichts hoher Kosten eher unwahrscheinlich – für Existenzgründungen etc. könnte dies aber durchaus abschreckend wirken, auch wenn dies empirisch schwer zu erfassen ist (Bergmann et al. 2024, S. 7).

Ähnliches gilt für die innerdeutsche Zuwanderung in der Bevölkerungsstatistik. So wurde beispielsweise nach den Pegida-Demonstrationen für Dresden gezeigt, dass der Zuzug insbesondere von Studierenden aus anderen Bundesländern deutlich zurückgegangen ist (ebd., S. 4). Auch dies könnte den Wirtschaftsstandort Ruhrgebiet weiter schwächen. Ganz ähnlich wurde nachgewiesen, dass rechtspopulistische Wahlerfolge den Zuzug von qualifizierten Ausländern schmälert (Buch et al. 2025, S. 18 f.).

Im Ergebnis kann die sich abzeichnende Abwärtsspirale (s. Abb. 4.1) vieler Ruhrgebietskommunen nur durchbrochen werden, wenn insbesondere die Altschuldentilgung mit Unterstützung von Bund und Land angegangen wird und das Wachstum der Hebesätze gesetzlich begrenzt wird bzw. diese erheblich reduziert werden (Eichener 2017, S. 218).

In einer solchen Abwärtsspirale kommt im Ruhrgebiet noch ein Zuzug von eher gering qualifizierten Asylbewerbern und Migranten in den Armutsquartieren hinzu, die Integrationsprobleme weiter verschärfen und auf strukturellen Rassismus treffen. Einst wurde das Ruhrgebiet noch als „Schmelztiegel" beschrieben, in

Abb. 4.1 Sich andeutende Abwärtsspirale des Ruhrgebiets. (Quelle: Eigene Darstellung)

dem unterschiedliche Migranten in den Arbeitsmarkt integriert wurden und damit nicht wesentlich die Sozialhaushalte belasteten, sondern eher zum Wirtschaftswachstum beitrugen.

Spätestens seit den 2010er Jahren hat sich dies verändert, und durch zunehmende Diskriminierung gelang die Integration neuer Einwanderungsgruppen kaum. So wurde für Deutschland gezeigt, dass Asylbewerber am wenigsten in den Arbeitsmarkt integriert werden in Kommunen mit hoher Arbeitslosigkeit und einem ausgeprägten Rassismus (Aksoy et al. 2023, S. 14).

So sind viele Zuwanderer gerade in die traditionell schon herausgeforderten Stadtteile gezogen, wie etwa in die Dortmunder Nordstadt, auch weil hier der Wohnraum teilweise noch erschwinglich ist. Das führt zu dem Dilemma, dass viele Migranten gerade dort zuziehen, wo es kaum Arbeitsplätze gibt und zugleich ein ausgeprägter Rassismus den Alltag bestimmt. Das sind die denkbar schlechtesten Bedingungen für die Integration in den Arbeitsmarkt, was die Städte noch weiter finanziell herausfordert.

Praxisbeispiel 3: Diskriminierung von Osteuropäern und deren Folgen im Ruhrgebiet

Seit den 2010er Jahren sind im besonderen Maße osteuropäische Zuwanderer aus Rumänien und Bulgarien von Diskriminierungserfahrungen betroffen, die sich in Stadtteilen wie der Dortmunder Nordstadt und Duisburg Marxloh ballen (vgl. Manovola et al. 2024; Hahnhörster et al. 2023; Geiges et al. 2017).

Trotz noch vorhandenem Leerstand bekommen sie häufiger gerade von privaten (kleineren) Eigentümern keine Wohnung. Sie sind deshalb häufig auf Problemimmobilien angewiesen, in denen häufiger keine Mietverträge abgeschlossen werden, was wiederum für soziale Transferleistungen problematisch ist.

„Es sind in der Regel Hauseigentümer*innen, die ihre Immobilien aus Desinteresse oder Profitmaximierung verkommen lassen und/oder es ermöglichen, dass Mittelspersonen die Notsituation marginalisierter Gruppen ausnutzen und daraus Profite ziehen" (Mundt 2022, S. 113).

Nicht selten werden diese Problemimmobilien in diesen Stadtteilen in Razzien von der Polizei geräumt. Für Gelsenkirchen wurde sogar belegt, dass für die geräumten Mieter keine Ersatzwohnungen angeboten werden, sondern nur Plätze in Notunterkünften infrage kommen (Herrmann 2023).

Die Politik zeigt gegenüber diesen Vierteln häufig Verachtung und kündigte beispielsweise wie der ehemalige Oberbürgermeister von Dortmund an, mit dem „eisernen Besen" gegen die Nordstadt vorzugehen.

Feste Arbeitsverhältnisse sind u. a. wegen unklarer Wohnungsformen kaum möglich und führen dazu, dass die Neuankömmlinge sich täglich auf dem sog. „Arbeiterstrich" verdingen müssen.

Schließlich wird all dies negativ und diskriminierend von der Lokalpresse kommentiert. Die Lokalpresse beschrieb die Neuzuwanderer meist als unzivilisiert und nicht integrationsfähig. Die Ruhrnachrichten titelten „Hausbesitzerin verzweifelt an rumänischen Mietern" und berichteten von „Müll und Dreck", auch von „Kot und Urin" und prophezeiten, dass alles noch viel schlimmer würde („Warme Tage locken Roma nach Dortmund")" (Geiges et al. 2017, S. 63).

Unter diesen Bedingungen ist die soziale Integration kaum möglich, zumal in diesen finanziell herausgeforderten Städten mit hoher Arbeitslosigkeit zum Beispiel die ganztägige Kinderbetreuung in der Regel deutlich unterausgestattet ist (Debus et al. 2025, S. 12 f.). Auch das Angebot für Kinderbetreuung unter drei Jähriger korreliert in deutschen Kommunen negativ mit steigendem Ausländeranteil (Maxand und Sallam 2024, S. 22, 28), sodass gerade da, wo der Bedarf an integrativen und pädagogischen Leistungen besonders hoch ist, die geringsten Kapazitäten vorgehalten werden (können). Das führt aber nicht dazu, dass die Einwandererwellen in diesen Problemquartieren abebben. Gerade auch weil hier die Mieten auf einem niedrigen

Niveau verharren, da der massive Zuzug von Einwanderern aus Sicht der einheimischen Bevölkerung die Attraktivität und damit auch die Nachfrage nach Wohnungen hier begrenzt (Kürschner Rauck und Kvasnicka 2025). Auch gibt es keine Hinweise auf eine gut gelungene Integration der osteuropäischen Einwanderer in den Problemstadtteilen. In Gelsenkirchen zum Beispiel setzt man weiterhin auf Abschreckung und Räumungen.

„Die Häuser wurden von dem sogenannten Interventionsteam EU-Ost der Stadt Gelsenkirchen durchsucht [...]. Das Team wurde im Februar 2021 nochmal aufgestockt, um „auf die Herausforderungen durch die Zuwanderung aus Südosteuropa" zu reagieren, hieß es damals von der Stadt Gelsenkirchen." (Burghardt 2023) ◄

Zudem können auch Maßnahmen der Haushaltskonsolidierung den Rechtspopulismus verschärfen (Mullis 2021, S. 145). Der Wettbewerb um weniger öffentliche Angebote kann sich verschärfen und bei der einheimischen Bevölkerung (häufiger auch mit türkischem Migrationshintergrund) das Gefühl verstärken, dass die Region zunehmend abgehängt wird. Dieser wahrgenommene Abstieg einer Region verstärkt in der Regel rechtspopulistische Einstellungen und wird in der internationalen Diskussion als „left behind regions" markiert, was für altindustrielle Regionen genauso gilt (Greve et al. 2022, S. 426) wie für stark schrumpfende ländliche Regionen, insbesondere in Ostdeutschland.

Dabei zeigen zentrale Sozialindikatoren, dass Teile des Ruhrgebiets – bei einer relativ großen Varianz – im Vergleich zur gesamtdeutschen Lage als „left behind regions" eingeordnet werden können (s. Tab. 4.1):

Insbesondere die Stadt Gelsenkirchen sticht bei diesem Vergleich negativ hervor, in der die AfD häufiger die besten Ergebnisse in westdeutschen Großstädten erzielte (Deutsche Presseagentur 2025).

Tab. 4.1 The Ruhr – a left behind region?

	National average	Bochum	Essen	Gelsenkirchen
Unemployment rate	5.6 %	8.9 %	10.2 %	14.7 %
Social transfer Recipients	9.1 %	15.6 %	20.2 %	24.9 %
Disposal income	€1882	€-205	€-189	€-517

Quelle: Butzin und Flögel (2024, S. 312)

4.2 Energiepolitik

Die prominenteste Exit-Option in der derzeitigen Diskussion über die Energiewende ist die Abwanderung energieintensiver Industrie. Deutschland steht hierbei im internationalen Vergleich besonders unter Druck (König 2024, S. 21).

Das muss nicht sofort zur Abwanderung führen, aber es ist wahrscheinlich, dass einzelne Industriebranchen zunächst als Vorsichtsmaßnahme weniger in bestehende deutsche Standorte neuinvestieren (Schiffer und Ulreich 2023, S. 40).

Dabei ist aber zu berücksichtigen, dass das Subventionsniveau schon vor dem russischen Angriffskrieg Spitzenwerte in Deutschland erzielte (König 2024, S. 20). Somit wird die Subventionspolitik für erneuerbare Energien und die damit verbundene Schuldenexpansion wohl bald auf Grenzen treffen.

Für die Bürger ist die Exit-Option weniger attraktiv. Sie leisten eher Widerstand gegenüber neuen Standorten für erneuerbare Energien über verschiedene Vetopositionen als aus ihrem Haus auszuziehen. Die Voice-Option ist für die Bürger gerade als Wähler deutlich effektiver.

So wurde bereits für Deutschland empirisch gezeigt, dass sich die Wahlergebnisse für die Grünen deutlich verschlechtern, wenn in der Nähe der Wähler eine Windkraftanlage installiert wurde (Mitsch und McNeil 2022).

Auch bei Bürgermeisterwahlen hat sich gezeigt, dass die Amtsinhaber häufiger nicht wiedergewählt werden, wenn Standortentscheidungen positiv für erneuerbare Energien ausgehen (Fleig und Debus 2017, S. 181).

Dieses Wahlverhalten kann noch unterstützt werden durch die Wahl der AfD durch Arbeiter aus den von der Energiewende negativ betroffenen energieintensiven Industrien, die zugleich durch die steigenden Energiepreise bei beschränktem Arbeitseinkommen besonders herausgefordert sind. Insgesamt gibt es in der internationalen Diskussion klare Hinweise, dass höhere Energiepreise die elektorale Unterstützung des Rechtspopulismus forcieren können (Brännlund und Peterson 2024, S. 2, 7). Ähnliches gilt für bundesdeutsche Wähler, die von dem Heizungsgesetz im Zuge der Energiewende besonders betroffen sind (Kistinger et al. 2025, S. 16).

Es ist deshalb davon auszugehen, dass Politiker diese elektoralen Widerstände zunehmend bei Entscheidungen im Zuge der Energiewende miteinbeziehen bzw. gänzlich auf Standortentscheidungen verzichten. Damit ist die Fortsetzung der lokalen Energiewende auch aus elektoralen Gründen gefährdet.

Fazit   5

Der Weg zur handlungsunfähigen Kommune wurde durch drei theoretische Ansätze erklärt, die hier im Einzelnen nicht noch mal zusammengefasst werden sollen. Ein Blick auf die wesentlichen Haushaltsdaten, die bereits in einzelnen Kapiteln angerissen wurden, zeigt, dass die Ruhrgebietskommunen die mit Abstand größten Haushaltsprobleme haben. Diese Indikatoren können auch gut dazu verwendet werden, die Haushaltssituation der eigenen Kommune grob einzuschätzen (s. Tab. 5.1).

Interessant ist, dass sich über die Kapitel hinweg zwei Problembereiche zeigen, von denen einer vorwiegend auf die Kommunen in NRW zu beziehen ist (Austeritätspolitik), während von der Kombination von Protestarten als „Leiter des Protests" tendenziell alle Kommunen negativ betroffen sind. Abschließend wird dann diskutiert, ob und wie sich die kommunale Krise etwas entschärfen lässt.

5.1   Austeritätspolitik

Auch wenn neuerdings von einer allgemeinen kommunalen Haushaltskrise gesprochen wird, gilt das aktuell noch vor allem für die NRW-Kommunen. Hier steigen die Kassenkredite wieder von hohem Niveau ausgehend und isolierte Kredite wurden in Milliardenhöhe „versteckt". Das trifft zugleich auf die härteste Kommunalaufsicht im Bundesländervergleich, die wenig Probleme hat, Staatskommissare zu bestellen und tief in die grundgesetzlich eigentlich garantierte Hebesatzautonomie der Gemeinden einzugreifen.

Urheber dieser Austeritätspolitik (einschneidende Sparpolitik) ist also nicht eine neoliberale Elite, die aus ideologischen Gründen Privatisierung und

L. Holtkamp, *Die aktuelle Krise der Kommunen*, essentials,
https://doi.org/10.1007/978-3-658-50464-9_5

Tab. 5.1 Haushaltsdaten im regionalen Vergleich

	Ruhrgebiet	Alte Bundesländer	Neue Bundesländer	Eigene Kommune
Gewerbesteuereinnahmen pro Kopf	642,9	841,8	536,8	
Gewerbesteuerhebesatz	496	405	391	
Grundsteuerhebesätze	720	481	453	
Auszahlung für Sozial- leistungen pro Kopf	1033	994,1	827,4	
Kassenkreditstand pro Einwohner	2 229	435	152	
Zinsen pro Kopf	67,5	35	12	
Arbeitslosenquote	9,6	5,2	6,5	
Einwohnerdichte	1 163	265	117	

Daten von 2023 nach Kommunalfinanzen Ruhrgebiet 2024 (Junkernheinrich und Micosatt 2024)

Steuersenkungen durchsetzt, wie Peck (2015) es anschaulich für Kommunen in den USA schilderte. Es sind eher konservativ juristisch vorgeprägte Eliten, die den Grundsatz des Haushaltsausgleichs immer wieder vollziehen wollen, selbst wenn dadurch die Unternehmen höhere Steuern zahlen müssen und später teilweise abwandern. So werden die Kommunen Zug um Zug handlungsunfähig.

5.2   Die Leiter des Protests

Nicht selten werden lediglich einzelne Vetopositionen von Bürgerinitiativen betrachtet und daraus dann beispielsweise geschlossen, dass die wenigen Bürgerentscheide gegen Windkraft wohl kaum die Umsetzung der Energiewende gefährden können (Mehr Demokratie e. V. 2023, S. 52).

Diese Veto- und Protestoptionen müssen jedoch aus der Perspektive von Bürgerinitiativen und Anwohnern gesehen werden, wobei zunächst davon auszugehen ist, dass anfänglich die Optionen bevorzugt werden, die mit weniger Kosten und Aufwand verbunden sind. Am Ende der Leiter stehen dann erst die Vetopositionen, wie die Initiierung von Bürgerbegehren, was mit erheblichem Zeitaufwand aus Sicht von Bürgerinitiativen verbunden ist (Bathge 2017). Ähnlich hohe Kosten dürften nur eine eigene Bürgermeisterkandidatur und die Gründung einer

Wählergemeinschaft haben, die über veränderte Mehrheiten und Austausch des Amtsinhabers ähnlich wirkungsvoll sein können wie Bürgerbegehren.

Der Zeitaufwand für die Klage vor den Verwaltungsgerichten ist demgegenüber häufig niedriger. Zwar sind die finanziellen Kosten für einen Rechtsbeistand erheblich, dürften aber für von Hauseigentümern und Flächeneigentümern (z. B. häufiger Landwirte) dominierten Bürgerinitiativen in der Regel finanzierbar sein, auch weil bei Realisierung des Projekts die Kaufpreise erheblich fallen würden.

Vom anderen Ende der Leiter betrachtet ist das Wählen auf allen föderalen Ebenen sicher mit den niedrigsten Kosten verbunden und davon wird im Zuge der Energiewende zunehmend Gebrauch gemacht. So wurde bereits für Deutschland empirisch gezeigt, dass die Wahlergebnisse für die Grünen sich deutlich verschlechtern, wenn in der Nähe der Wähler eine Windkraftanlage installiert wurde.

Allein dieses Wahlverhalten kann schon dazu führen, dass Amtsinhaber auf die Ausweisung von Windkraftflächen verzichten. Wenig Aufwand ist gerade in den zumeist betroffenen kleineren Kommunen damit verbunden, das direkte Gespräch mit den Politikern zu suchen, auch um auf das wahrscheinliche Wahlverhalten hinzuweisen.

Sicherlich aufwendiger ist es demgegenüber, an Mediationsverfahren über mehrere Abende verteilt teilzunehmen, deren Nutzen allerdings für Bürgerinitiativen eher gering ist, weil Verwaltungen und Vorhabensträger sich nicht durch die Kraft des besseren Arguments auf einen anderen Standort einlassen. Die Nullvariante als Hauptziel der Bürgerinitiativen ist also in Mediationsverfahren in Deutschland unwahrscheinlich (Holtkamp und Garske 2023).

Der nächste Schritt, wenn das alles nicht wirkt, ist dann die Gründung einer Bürgerinitiative, auch um glaubhaft alle vier Vetopositionen androhen zu können bzw. solche Gerüchte zu streuen. Erst wenn das alles nicht hilft und auch der Weg vor Gericht nicht aussichtsreich erscheint, dürfte es sich aus dieser bewusst vereinfachenden Heuristik lohnen, den Aufwand für die Initiierung eines Bürgerbegehrens auf sich zu nehmen. Die mehr als 100 Verfahren sind somit nur die kleine Spitze eines Eisberges, bei dem im Voraus zunächst viele andere Strategien ergriffen werden (vgl. allgemein bereits Monkkonen 2019, S. 14 f.). Abb. 5.1 zeigt, wie sich Proteste bei Standortkonflikten entwickeln können.

Die Blockademöglichkeiten durch Bürgerinitiativen sind also deutlich größer als gedacht und diese können durch den wachsenden Rechtspopulismus noch befeuert werden. Nach den Kommunalwahlen in NRW wird man konstatieren müssen, dass die AfD auch in den westdeutschen Großstadtparlamenten voll angekommen ist. Das gilt besonders stark für die Ruhrgebietskommunen mit den erwartbaren Spitzenwerten in Gelsenkirchen etc. (s. Tab. 5.2).

Veto 2	Bürgerbegehren initiieren
	Kandidatur als neue Wählergemeinschaft
	Eigene Kandidatur als Bürgermeister
Veto 1	Rechtsanwalt und Verwaltungsgericht einschalten
Protest 4	Bürgerinitiative gründen und Vetopositionen andeuten
Protest 3	Runde Tische; Mediation
Protest 2	Gespräche mit der Politik
Protest 1	Abwählen

Aufwand/Kosten

Abb. 5.1 Leiter des Protests bei Standortkonflikten. (Quelle: Eigene Darstellung)

5.3 Altschuldenproblematik und pragmatisches Management

In NRW wurde 2025 nach sehr langen Debatten ein neues Landesprogramm aufgelegt, das im Volumen ähnlich klein wie der Stärkungspakt ausgefallen ist, der nur wenig die aufgelaufenen Kassenkredite abgebaut hat. Realistisch betrachtet sind und werden damit die NRW-Kommunen von der neu einsetzenden Haushaltskrise am meisten betroffen sein, zumal zukünftig die isolierten Kredite aus den Mehrfachkrisen als Erblast zusätzlich auf die NRW-Kommunen zukommen werden. Allein diese sind schon größer als das 2025 für den kommunalen Schuldenabbau in NRW für die nächsten Jahre beschlossene Volumen.

Die aktuelle Bundesregierung stellt für die gesamte Legislaturperiode demgegenüber nur 1 Mrd. EUR für den Abbau der Altschuldenproblematik in den NRW-Kommunen zur Verfügung, was nur „sehr begrenzt geeignet ist, einen nennenswerten Entlastungsbeitrag zu leisten" (Döring und Wohltmann 2025, S. 585). Das reicht nicht mal, um die Kassenkredite der Stadt Oberhausen ganz abzutragen (laut IT.NRW (2025a) 1,6 Mrd. in 2024). Vielmehr dürfte vom Bund

Tab. 5.2 Top 25 AfD-Ratsanteile in großstädtischen Hochburgen in 2022, ergänzt um Daten nach der Kommunalwahl NRW 2025

Kommune	Ost_West	2022 AfD-Anteil	Rang	2025 AfD-Anteil	Rang
Dresden	Ost	17,1 %	1	20 %	9
Leipzig	Ost	15,7 %	2	17,1 %	11
Magdeburg	Ost	15,1 %	3	23,2 %	3
Chemnitz	Ost	15 %	4	25,4 %	2
Pforzheim	West	15 %	4	22,5 %	4
Erfurt	Ost	14,3 %	6	20 %	9
Gelsenkirchen	West	12,8 %	7	30,8 %	1
Halle (Saale)	Ost	12,5 %	8	21,2 %	7
Kaiserslautern	West	10,9 %	9	19,6 %	12
Jena	Ost	10,9 %	9	13 %	17
Salzgitter	West	10,9 %	9	10,9 %	19
Duisburg	West	10,1 %	12	21,2 %	7
Ludwigshafen am Rhein	West	10 %	13	20 %	9
Hagen	West	9,8 %	14	21,4 %	6
Mannheim	West	8,3 %	15	14,6 %	15
Ingolstadt	West	8,2 %	16	8,2 %	21
Mülheim a. d. Ruhr	West	8 %	17	14,8 %	14
Heilbronn	West	7,5 %	18	15 %	13
Reutlingen	West	7,5 %	18	12,5 %	18
Potsdam	Ost	7,4 %	20	14,3 %	16
Offenbach am Main	West	7,3 %	21	7,3 %	22
Koblenz	West	7,3 %	21	10,7 %	20
Essen	West	7,2 %	23	17,1 %	11
Bottrop	West	7,1 %	24	21,9 %	5
Recklinghausen	West	7,1 %	24	19,2 %	13

Quelle: Bogumil und Holtkamp (2023); hier: aktualisiert

auch in den nächsten Jahren nicht zu erwarten sein, weil andere Bundesländer, mit traditionellen kommunalen Überschüssen bzw. mit bereits umfassenden Sanierungsprogrammen nicht im Bundesrat einem Beschluss zustimmen werden, der erhebliche Finanzmittel nur nach NRW schleust (vgl. ausführlicher Bogumil und Holtkamp 2023).

Realistisch müssen also viele Kommunen in NRW weiter mit einem sehr hohen Konsolidierungsdruck leben, ohne dass auch zukünftig ein deutlicher Schuldenabbau wahrscheinlich ist. Mit dieser Lage haben die Ruhrgebietskommunen seit mehr als drei Jahrzehnten ihre Erfahrungen gesammelt. Diese wurden schon früh im Modell des pragmatischen Managements systematisiert (Holtkamp 2010), um zu konkreten Handlungsempfehlungen für die Praxis zu kommen, wohlwissend dass es eher eine „bescheidene" Perspektive bietet.

Ein solches Reformvorhaben würde sich also neben der Fortschreibung inkrementalistischer Routinen darauf konzentrieren, zunächst besondere Handlungsbedarfe angesichts der Ziele und präferierten Handlungsfelder des direkt gewählten Bürgermeisters (bzw. Fachbereichsleiters und Ausschussvorsitzenden in einzelnen Politikfeldern) für einen überschaubaren Zeitraum grob zu identifizieren. Zugleich wären die kommunalen Handlungsspielräume inklusive zusätzlich mobilisierbarer staatlicher Fördermittel und bürgerschaftlicher Ressourcen der gemeinschaftlichen Koproduktion zu erfassen. Nur wenn Handlungsbedarf, Problemlösungsansätze und Handlungsressourcen unter starker Berücksichtigung der Vorgaben und Bedürfnisse der Ressourcengeber vorhanden sind, lohnt es sich, in einem „Mixed-Scanning-Ansatz"[1] näher „heranzuzoomen" und in konkretere Planungen einzusteigen. In denen können dann unterschiedliche Koordinationsformen je nach Aufgabe, grober Zielsetzung und verfügbaren Ressourcen miteinander kombiniert werden. Das, was in anderen Kommunen unter schwierigen haushaltspolitischen Rahmenbedingungen als Policy-Mix bereits nachweislich im Sinne der gesetzten Ziele „gut funktioniert" hat, könnte der Maßstab für diese Modernisierungsaktivitäten sein. Diese Such- und Koordinationsleistungen könnten als Stabstelle beim Bürgermeister angesiedelt werden, und sollte nicht, wie häufig die Bürgermeisterreferenten in kreisangehörigen Kommunen, vom hektischen Tagesgeschäft absorbiert werden. Es werden also die Transaktionskosten für umfangreiche Planungen und Managementmodelle gespart, um die kleinschrittigen Maßnahmen zu finanzieren, die unter den restriktiven Haushaltsbedingungen, die in den NRW-Kommunen wohl anhalten werden, überhaupt noch realisiert werden können.

---

[1] Im pragmatischen Management würde damit der vermittelnde Mixed-Scanning-Ansatz von Etzioni in der damaligen Inkrementalismusdiskussion folgen.

5.4　Abbau von Vetopositionen, Förderbürokratie und Gewerbesteuern

Der einflussreiche Protest der Bürger gegen neue Infrastruktur- und Sparmaßnahmen könnte dadurch reduziert werden, dass die vielen Vetopositionen etwas abgebaut werden. Um nur ein Beispiel zu nennen, könnte hier die Erhöhung der Hürden für Bürgerbegehren und -entscheide die kommunalen Handlungsspielräume wieder erweitern, wie es zuletzt in Schleswig-Holstein und Hessen gegen erhebliche Widerstände von den Landesregierungen durchgesetzt wurde (vgl. ausführlicher Holtkamp und Garske 2025).

Zudem würde es gerade den Kommunen in NRW sehr helfen, wenn die Förderbürokratie abgebaut würde und die zweckgebundenen Zuwendungen von Bund und Land eher pauschalisiert zur Verfügung gestellt werden. Die wettbewerblich vergebenen Zuwendungen führen derzeit noch dazu, dass selbst wenn die Kosten für Antragstellung und Eigenanteile nicht gescheut werden, Kommunen mit Haushaltsproblemen deutlich häufiger als anderen Kommunen eine Absage für Fördermittel erteilt wird (Raffer et al. 2025, S. 25).

Insgesamt setzt mit dem bisherigen bürokratischen Förderungssystem ein Matthäuseffekt ein, nach dem gerade die Kommunen, die dringend finanzielle Hilfe bräuchten, häufiger leer ausgehen:

> „Der kommunale Geldmangel führt in einen Teufelskreis: Wenn Kommunen das Geld ausgeht, sparen sie oft am Verwaltungspersonal. Das ist für viele Kommunen und Landkreise besonders bitter, weil der Bund in den vergangenen Jahren mehrfach kurzfristig Geld aus sogenannten Sondervermögen bereitgestellt hat, um Investitionsprojekte zu fördern. Arme Kommunen profitieren hiervon aber oft gar nicht, weil sie nicht mehr das nötige Personal haben, um das Geld überhaupt ausgeben zu können" (Banse und Buermeyer 2025, S. 10) bzw. fehlt das Personal, die Mittel in bürokratischen Verfahren zu beantragen.

In einer aktuellen Befragung der NRW-Kommunen zu Bürokratielasten werden besonders häufig die Fördersysteme genannt. Bemängelt werden viele Parallelstrukturen und der erhebliche Aufwand bei Beantragung und Dokumentation der Landesförderung „durch unzweckmäßige Anforderungen" (Grohs et al. 2023, S. 5).

Dies zu verändern, ist für die Landes- und Bundesregierungen im Prinzip einfach: Weniger Dokumentationsaufwand, Förderpauschalen und geringere Eigenanteile der Kommunen bei der Investitionsförderung sind möglich (ebd., S. 102), wenn man denn bereit ist, die eigenen politischen Steuerungsansprüche – insbesondere die der Fachpolitiker auf Landes- und Bundesebene – etwas zurückzuschrauben, um damit die Handlungsspielräume für Kommunen zu vergrößern.

Aus finanzwissenschaftlicher Sicht wird zudem die Abschaffung der Gewerbesteuer diskutiert, auch um die beschriebene problematische Hebesatzspirale zum Beispiel im Ruhrgebiet zu beenden. Darüber hinaus führen die erheblichen konjunkturellen Schwankungen zu einer „Volatilität der Gewerbesteuereinnahmen, die Gemeinden keine Planungssicherheit gewährleisten" (Blömer et al. 2025, S. 7). Außerdem ist die regional besonders ungleiche Verteilung dieser Einnahmen in erheblichem Maße für die mangelnde Gewährleistung gleichwertiger Lebensverhältnisse in Deutschland verantwortlich. Ein (teilweiser) Ersatz der Gewerbesteuer beispielsweise durch höhere Umsatzsteueranteile der Kommunen (derzeit nur knapp 2 %) könnte diese Ungleichheiten maßgeblich reduzieren (Kühl und Löhr 2021, S. 3).

Das gilt nicht nur zwischen den Kommunen unterschiedlicher Bundesländer, sondern auch innerhalb von NRW sind die Differenzen beim Aufkommen der Gewerbesteuer 2024 extrem[2]:

> „Die kreisfreien Städte mit den höchsten Pro-Kopf-Einzahlungen waren Düsseldorf (2.570,32 €), Köln (1.717,68 €) […]. Die niedrigsten Einzahlungen hatten Herne (476,59 €) und Bottrop (503,09 €) aus dem Ruhrgebiet" (IT.NRW 2025b).

Diese Maßnahmen zusammengenommen könnten die Lage finanziell herausgeforderter Kommunen in Deutschland deutlich verbessern.

---

[2] Zum Teil werden die Unterschiede aber durch Schlüsselzuweisungen wieder angeglichen.

Was Sie aus diesem *essential* mitnehmen können

- Die kommunale Haushaltskrise konzentriert sich noch auf die NRW-Kommunen mit negativen Spitzenwerten im Ruhrgebiet
- Die Kommunalaufsicht greift insbesondere in NRW in den Klein- und Mittelstädten tief in die kommunale Selbstverwaltung ein, ohne dass die Kommunen eine Chance auf den Haushaltsausgleich haben.
- Sie schädigt mit extremen Steuererhöhungen die NRW-Wirtschaft
- Die kommunalen Altschulden werden voraussichtlich nur in sehr begrenztem Maße von Land und Bund übernommen
- In Standortkonflikten verfügen Bürgerinitiativen zunehmend über genügend Vetopositionen und Verhandlungsmacht, um immer wieder Investitionen in die Infrastruktur zu verhindern.
- Durch Standortkonflikte, wachsenden Rechtspopulismus und durch die geringe finanzielle Ausstattung der Kommunen gerät die lokale Energiewende ins Stocken
- Den Kommunen könnte ein Abbau der Förderbürokratie, der direkten Demokratie und der Gewerbesteuer helfen

Literatur

Aksoy, C. G., Poutvaara, P., & Schikora, F. (2023). First time around: Local conditions and multi-dimensional integration of refugees. *Journal of Urban Economics*, 137. https://doi.org/10.1016/j.jue.2023.103588.

Ahlfeldt, G. M., Maenning, W., & Steenbeck, M. (2016). Après nous le déluge? Direct democracy and intergenerational conflicts in aging societies. *Hamburg Contemporary Discussions*, No. 54. Hamburg: Universität Hamburg.

Banse, P., & Buermeyer, U. (2025). Warum es der Politik schwerfällt, für gute Infrastruktur zu sorgen. *Aus Politik und Zeitgeschichte*, 75(13), S. 7–13.

Bathge, T. (2017). Protest vor Ort: Widerstandsstrategien von Bürgerinitiativen gegen Politikbeendigung. Dissertation, FernUniversität Hagen: https://ub-deposit.fernuni-hagen.de/receive/mir_mods_00001220. Zugegriffen: 01. September 2025.

Behr, F. (2016). Kommunikation und Beteiligung – Gestaltung von Kampagnen sowie die Förderung von Netzwerken und Selbstorganisation im kommunalen Klmaschutz. Nr. 7 der Reihe Ergebnisse aus dem Projekt Klima-Initiative Essen für Wissenschaft und Praxis, hrsg. Universität Duisburg-Essen: Essen.

Berger, S. (2022). The Alternative für Deutschland (AfD) and its appeal to workers – with special reference to the Ruhr Region of Germany. *Totalitarismus und Demokratie*, 19(1), S. 47–70.

Bergmann, K., Diermeier, M., Kinderman, D., & Schröder, W. (2024). Die deutsche Wirtschaft und die AfD: Erfahrungen, Befunde und erste Forschungsergebnisse. *WZB Discussion Paper*, No. ZZ 2024-602. Berlin: Wissenschaftszentrum Berlin für Sozialforschung (WZB).

Bertelsmannstiftung. (2025a). Kommunale Finanzen – Größtes Defizit in der Geschichte der Bundesrepublik. https://www.bertelsmann-stiftung.de/de/themen/aktuelle-meldungen/2025/juli/kommunale-finanzen-groesstes-defizit-in-der-geschichte-der-bundesrepublik. Zugegriffen: 27. August 2025.

Bertelsmannstiftung (2025b). *Kommunaler Finanzreport 2025. Knappe Kassen, große Aufgaben*. Gütersloh: Bertelsmannstiftung.

Bieling, H.-J., & Möhring-Hesse, M. (2023). Infrastrukturen für ‚Gemeinwohl-relevante öffentliche Güter'. Handlungsbedingungen und Gestaltungsmöglichkeiten des lokalen Gewährleistungsstaats. In J. Betz, H.-J. Bieling, A. Futterer, M. Möhring-Hesse & M.

Nagel (Hrsg.), *Konflikte um Infrastrukturen. Öffentliche Debatten und politische Konzepte* (S. 203–223). Bielefeld: DeGruyter.

Blömer, M. J., Fuest, C., Neumeier, F., Peichl, A., & Zamorski, P. (2025). Reform des Steuer- und Transfersystems. Ifo Schnelldienst, 78(1), S. 3–11. https://hdl.handle.net/10419/314773. Zugegriffen: 27. August 2025.

Boeth, H., & Kühn, M. (2022). Wachstumskoalitionen und Wachstumskritiken in der Stadtentwicklung: Reurbanisierungs- und Zuwanderungspolitiken. Raumforschung und Raumordnung, 80(6), S. 743–756. https://doi.org/10.14512/rur.161.

Bogumil, J. (2001). Modernisierung lokaler Politik – Kommunale Entscheidungsprozesse im Spannungsfeld zwischen Parteienwettbewerb, Verhandlungszwängen und Ökonomisierung. Badan-Baden: Nomos.

Bogumil, J., & Holtkamp, L. (2016). Kommunale Entscheidungsstrukturen in Ost- und Westdeutschland. Zwischen Konkordanz- und Konkurrenzdemokratie. Wiesbaden: Springer VS.

Bogumil, J., & Holtkamp, L. (2023). Kommunalpolitik und Kommunalverwaltung – Eine politikwissenschaftliche Einführung. Bonn: Bundeszentrale für politische Bildung.

Bogumil, J., Holtkamp, L., Junkernheinrich, M., & Wagschal, U. (2014). Ursachen kommunaler Haushaltsdefizite. Politische Vierteljahresschrift, 4/2014, S. 614–647.

Brännlund, A., & Peterson, L. (2024). Power politics: How electric grievances shape election outcomes. Ecological Economics, 217. https://doi.org/10.1016/j.ecolecon.2023.108077.

Buch, T., Burkert, C., Hell, S., Niebuhr, A., & Haas, A. (2025). Do xenophobic attitudes influence migrant workers' regional location choice? PLoS ONE, 20(2). https://doi.org/10.1371/journal.pone.0316627.

Bui, T., Eichfelder, S., Jirmann, J., & Santiago da Costa, S. (2025). Wie relevant ist die Gewerbesteuer als Standortfaktor? Was wir von Experteninterviews lernen können. Arqus Discussion Paper, No. 289, Berlin: Arbeitskreis Quantitative Steuerlehre.

Burghardt, E. (2023). Zahlreiche illegale Wohnungen: was die Behörden jetzt aufdeckten. WA. URL: https://www.wa.de/nordrhein-westfalen/zahlreiche-illegale-wohnungen-in-gelsenkirchen-was-die-behoerden-jetzt-aufdeckten-92461974.html. Zugegriffen: 25. September 2025.

Butzin, A., & Flögel, F. (2024). High-tect development for „left behind" plaes: lessons-learnt from the Ruhr cybersecurity ecosystem. Cambridge Journal of Regions, Economy and Society, 17(2), S. 307–322. https://doi.org/10.1093/cjres/rsad041.

Cucca, R., & Ranci, C. (2022). Urban Policy in Times of Crisis: The Policy Capacity of European Cities and the Role of Multi-Level Governance. Urban Affairs Review, 58(6), S. 1493–1522.

Debus, M., Son, K., & Wagner, S. (2025). Partisan politics, economic hardship, and full-time day care for children in German cities. Local Government Studies, S. 1–22. https://doi.org/10.1080/03003930.2025.2465956.

Deutsche Presseagentur (2025). AfD legt im Ruhrgebiet stark zu – Sorge in Gelsenkirchen. https://www.zeit.de/news/2025-02/24/afd-legt-im-ruhrgebiet-stark-zu-erfolg-in-gelsenkirchen. Zugegriffen: 07. Oktober 2025.

Deutscher Landkreistag (2025). Kommunale Finanzprognose 2025. https://www.landkreistag.de/themen/kreisfinanzen/3469-kommunale-finanzprognose-2025. Zugegriffen: 27. August 2025.

Diermeier, M. (2022). Auffällig und unauffällig durch die Transformation? Das Ruhrgebiet auf der Suche nach der Zukunftskoalition. Kurzanalyse. Erschienen auf: regierungsforschung.de.

Dietze, N., Müller, M., & Quent, M. (2024). Das Ringen der AfD um kommunale Ämter. Magdeburg: Institut für demokratische Kultur.

Domann, V. (2024). Shifting notions of the rural: Protests over traffic infrastructure and far-right normalization. Nordia geographical puclications, 53(1). https://doi.org/10.30671/nordia.122137.

Döring, T. (2018). Unzureichende Ausschöpfung der Realsteuern – das Beispiel Rheinland-Pfalz. Wirtschaftsdienst, 98(1), S. 42–49.

Eichener, V. (2017). Die Stadt zwischen Wachstum und Schrumpfung. In F. Hoose, F. Beckmann, & A.-L. Schönauer (Hrsg.), Fortsetzung folgt – Kontinuität und Wandel von Wirtschaft und Gesellschaft (S. 201–227). Wiesbaden: Springer VS. https://doi.org/10.1007/978-3-658-15450-9_10.

Ellger, F. (2024). The Mobilizing Effect of Party System Polarization. Evidence From Europe. Comparative Political Studies, 57(8), S. 1310–1338.

Fleig, A., & Debus, M. (2017).Außergewöhnliche Ereignisse und responsives Regieren: Die Auswirkungen der Energiewende auf das Vertrauen in politische Institutionen. In R. Schomaker (Hrsg.), Die europäische Energiewende (S. 167–190). Berlin, Boston: De Gruyter Oldenbourg. https://doi.org/10.1515/9783110525762-010.

Fremery, M., Lichter, A., & Löffler, M. (2024). Strategies and Consequences of Local Fiscal Consolidation: Evidence from Germany. Journal of Urban Economics, 149. https://doi.org/10.1016/j.jue.2025.103792.

Garske, B., & Holtkamp, L. (2024). Wieder mitten in der Haushaltskrise? Nordrhein-westfälische Kommunen ungeschönt. Verwaltung und Management, 30(4), S. 156–162.

Geiges, L., Neef, T., Kopp, J., & Müller-Stahl, R. (2017). Lokale Konflikte und Zuwanderung aus Südosteuropa. »Roma« zwischen Anerkennung und Ausgrenzung. Bielefeld: transcript Verlag.

Geis-Thöne, W. (2021). Regionale Verteilung der Niedrigqualifizierten in Deutschland. IW-Trends – Vierteljahresschrift zur empirischen Wirtschaftsforschung, 51(1), S. 75–95.

Geißel, B., Roth, R., Collet, S., & Tillmann, C. (2014). Partizipation und Demokratie im Wandel. In Bertelsmannstiftung (Hrsg.), Partizipation im Wandel (S. 489–503). Gütersloh: Bertelsmannstiftung.

Greve, M., Fritsch, M., & Wyrwich, M. (2022). Long-term decline of regions and the rise of populism: The case of Germany. Journal of Regional Science, 63(2), S. 409–445. https://doi.org/10.1111/jors.12627.

Grohs, S., Gröbe, B., Knappe, A.-C., & Zabler, S. (2023). Bürokratielasten der kommunalen Ebene in Nordrhein-Westfalen: Ergebnisse einer empirischen Erhebung. Speyerer Forschungsbericht 306. Deutsches Forschungsinstitut für öffentliche Verwaltung.

Gründinger, W. (2017). Drivers of Energy Transition. How Interest Groups Influenced Energy Politics in Germany. Wiesbaden: Springer VS.

Hanhörster, H., Haase, A., Hans, N., Rink, D., Schmiz, A., & Schrader, S. (2023). The (co-)production of arrival Neighbourhoods. Processes governing housing markets in three german cities. Journal of Housing and the Built Environment, No. 38, S. 1409–1429. https://doi.org/10.1007/s10901-022-09995-5.

Hassink, R., & Kiese, M. (2021). Solving the restructing problems of (former) old industrial regions with smart specialization? Conceptual Thoughts and evidence from the Ruhr. Rev Reg Res, No. 41, S. 131–155. https://doi.org/10.1007/s10037-021-00157-8.

Haupt, W., & Kern, K. (2022). Explaining climate policy od unlikely city pioneers: The case oft he German city of Remscheid. Urban climate, 45, S. 101–220. https://doi.org/10.1016/j.uclim.2022.101220.

Heinze, R.G. (2025). Transformationserfahrungen aus dem Ruhrgebiet. In W. Schröder, & F. Ranft (Hrsg.), Varianzen der Transformation, Gesellschaftliche und industriepolitische Rahmenbedingungen für einen sozial-ökologischen Umbau (S. 29–42). Wiesbaden: Springer VS.

Helbig, M. (2024). Soziale Polarisierung in den deutschen Städten. In Statistisches Bundesamt DESTATIS, Wissenschaftszentrum Berlin für Sozialforschung, & Bundesinstitut für Sozialforschung (Hrsg.), Sozialbericht 2024: ein Datenreport für Deutschland (S. 268–272). Bonn: Bundeszentrale für politische Bildung.

Herrmann, S. (2023). Rendite durch Armutsmigration: Gewinnmaximierende Bewirtschaftungsstrategien am Wohnungsmarkt im Kontext der EU-2-Zuwanderung. In U. Alrock, R. Kunze, D. Kurth, D. Schmidt, & G. Schmitt (Hrsg.), Stadterneuerung und Spekulation: Jahrbuch Stadterneuerung (S. 227–254). Wiesbaden: Springer VS. https://doi.org/10.1007/978-3-658-39659-6_10.

Hirschman, A. O. (1974). Abwanderung und Widerspruch. Frankfurt am Main: Suhrkamp.

Holtkamp, L. (2000). Kommunale Haushaltspolitik in NRW – Haushaltslage – Konsolidierungspotentiale – Sparstrategien. Dissertation, Opladen.

Holtkamp, L. (2008). Kommunale Konkordanz- und Konkurrenzdemokratie – Parteien und Bürgermeister in der repräsentativen Demokratie. Wiesbaden: VS Verlag für Sozialwissenschaften GWV Fachverlage GmbH.

Holtkamp, L. (2010). Kommunale Haushaltspolitik bei leeren Kassen. Baden-Baden: Nomos.

Holtkamp, L. (2012). Verwaltungsreformen – Problemorientierte Einführung in die Verwaltungswissenschaft. Wiesbaden: Springer VS.

Holtkamp, L. (2016). Direktdemokratische Hochburgen in Deutschland – Zur Vereinbarkeit von Konkurrenz- und Direktdemokratie. Wiesbaden: Springer VS.

Holtkamp, L. (2025). Die kommunale Konkordanzdemokratie in der Lokalen Politikforschung. In P. Gräfe, J. Hafner, A. Kastilan, L. A. Süß (Hrsg.), Politik und Verwaltung. Verstehen und Verändern (S. 399–418). Baden-Baden: Nomos.

Holtkamp, L., & Fuhrmann, T. (2014). Kommunale Selbstverwaltung zwischen Steuerschraube und Staatskommissar. Eine Zwischenbilanz zum Stärkungspakt. der gemeindehaushalt, 7/2014, S. 145–148.

Holtkamp, L., & Garske, B. (2022). Die Zivilgesellschaft als Partnerin auf Augenhöhe? Eine kritische Bestandsaufnahme. Voluntaris, 10(2), S. 224–240.

Holtkamp, L., & Garske, B. (2023). Kommunale Demokratien im Praxistest. Ein Überblick über konligierende Demokratieformen und Blockadegefahren in deutschen Kommunen. Gesellschaft – Wirtschaft – Politik (GWP), 3/2023, S. 316–326.

Holtkamp, L., & Garske, B. (2024). Entscheidungsstrukturen und -prozesse in der kommunalen Sozialpolitik. In A. Brettschneider, S. Grohs, & N. Jehles (Hrsg.), Handbuch kommunale Sozialpolitik. Wiesbaden: Springer VS. https://doi.org/10.1007/978-3-658-38616-0_9-1.

Holtkamp, L., & Garske, B. (2025). Verwaltungsreformen. Problemorientierte Einführung in die Verwaltungswissenschaft. 2. Auflage. Wiesbaden: Springer VS.

IT.NRW. (2025a). NRW: Kommunale Verschuldung 2024 um mehr als 12 Prozent gestiegen. https://www.it.nrw/nrw-kommunale-verschuldung-2024-gestiegen. Zugegriffen: 27. August 2025.

IT.NRW. (2025b). NRW-Kommunen: Gewerbesteueraufkommen 2024 um 3,3 % höher als ein Jahr zuvor. https://www.it.nrw/nrw-kommunen-gewerbesteueraufkommen-2024. Zugegriffen: 27. August 2025.

Junkernheinrich, M., & Micosatt, G. (2023). Kommunalfinanzen im Jahr 2022: Kein finanzieller Absturz – die Vermeidung einer finanziellen Überforderung braucht zukünftig mehr als Geld. Jahrbuch für öffentliche Finanzen, No. 1 (2023).

Junkernheinrich, M., & Micosatt, G. (2024). Kommunalfinanzbericht Ruhrgebiet 2024. Essen: Regionalverband Ruhr.

Kenkmann, T. (2024). Evaluierung geförderter Klimaschutzmanager*innen. Zeitschrift für Evaluation, 23(1), S. 97–110. https://doi.org/10.31244/zfe.2024.01.06.

Kersting, N. (2004). Die Zukunft der lokalen Demokratie. Modernisierungs- und Reformmodelle. Frankfurt am Main: Campus-Verlag.

Kiese, M. (2019). Strukturwandel 2.0: Das Ruhrgebiet auf dem Weg zur Wissensökonomie? Standort , No. 43, S. 69–75. https://doi.org/10.1007/s00548-019-00581-6.

Kislinger, D., Kögel, N., Koch, N., & Kalkuhl, M. (2025). Heated Debates on Heating: Investigating the Electoral Impact of Climate Policy. IZA Discussionpaper, No. 17596. IZA Institute of Labor Economics.

Knill, C. (2020). Unbegrenztes Wachstum? Überlegungen zu den Ursachen und Folgen von Politikakkumulation. In M. Nagel, P. Kenis, P. Leitfeld, & H.-J. Schmedes (Hrsg.), Politische Komplexität, Governance von Innovationen und Policy-Netzwerke (S. 99–107). Wiesbaden: Springer VS.

König, J. (2024). Deutschlands Energiewende- und Klimapolitik auf dem Prüfstand. Argumente zu Marktwirtschaft und Politik, No. 178. Berlin: Stiftung Marktwirtschaft.

Kosatica, M. (2023). Semiotic landscape in a green capital. The political economy of sustainability and Environment. Linguistic Landscape, 10(2), S. 136–165. https://doi.org/10.1075/ll.23016.kos.

Kovalenko, T., & Schröpf, B. (2024). Patterns of regional firm mobility in Germany. Diskussionspapiere, No. 129, Nürnberg: Friedrich-Alexander-Universität Erlangen-Nürnberg.

Kriegesmann, B., Böttcher, M., & Lippmann, T. (2019). Die Wissenschaft als Impulsgeber für Innovationen. Standort 43, S. 76–82. https://doi.org/10.1007/s00548-019-00585-2.

Kühl, C., & Löhr, D. (2021). Die Konjunkturabhängigkeit des Gemeindesteuersystems im Fokus. Die Coronakrise gibt neuen Anlass für eine alte Diskussion. Bonn: Friedrich-Ebert-Stiftung.

Kürschner Rauck, K., & Kvasnicka, M. (2025). Immigration and Housing Rents: Short-Run Effects oft he 2015 Refugee Crisis in Germany. Journal of Regional Science. https://doi.org/10.1111/jors.70002.

Lauer, C. (2025). Energiewende in Bayern: Ursachen der Divergenzen zwischen Zielen und Umsetzungen. Wiesbaden: Springer VS. https://doi.org/10.1007/978-3-658-47741-7.

Link, S., Menkhoff, M., Peichl, A., & Schüle, P. (2023). Downward Revision of Investment Decisions after Corporate Tax Hikes. IZA Discussion Papers, No. 16056. Bonn: Institute of Labor Economics (IZA).

Mahoney, J. (2000). Path dependence in political sociology. Theory and Society, 4/2000, S. 507–548.

Manolova, P., Schlee, T., & Wiese, L. (2024). Multiple Prekarisierung – Zur Lebenslage osteuropäischer Migrant*innen in urbanen Sozialräumen. Am Beispiel der beiden Duisburger Stadtteile Hochfeld und Marxloh. IAQ Report. Essen: Universität Duisburg-Essen.

Maxand, S., & Sallam, H. (2024). Local Fiscal Effects of Immigration in Germany. CESifo Working Paper, No. 11162. München: CESifo GmbH.

Mehr Demokratie e.V. (2023).Bürgerbegehren Bericht 2023. https://www.mehr-demokratie.de/fileadmin/pdf/2023/Berichte_Stellungnahmen/230531_MD_Buergerbegehrensbericht_2023_web.pdf. Zugegriffen: 10. Oktober 2025.

Mitsch, F. (2023). Structural change, institutional adatation, and regional polarisation: some lessons from Germany. Thesis. London: The London School of Economic and Political Science.

Mitsch, F., & McNeil, A. (2022). Political Implications of ‚Green‘ Infrastructure in One's ‚Backyard‘: The Green Party's Catch 22? Working Paper, No. 81. London: The London School of Economic and Political Science.

Monkkonen, P. (2016). Understanding and Challenging Opposition to Housing Construction in California's Urban Areas. https://ssrn.com/abstract=3459823. Zugegriffen: 25. September 2025.

Mullis, D. (2021). Die gespaltene Stadt und das Erstarken der AfD. Eine Spurensuche im Riederwald und in Nied. In J. Betz, S. Keitzel, J. Schardt, S. Schipper, S. Schmitt Pacífico, & F. Wiegand (Hrsg.), Frankfurt am Main – eine Stadt für alle? Konfliktfelder, Orte und soziale Kämpfe (S. 141–154). Bielefeld: transcript Verlag.

Mundt, M. (2022). Kommunale Handlungsmöglichkeiten gegen Problemimmobilien und unseriöse Vermietung an Rom*nja am Beispiel von Berlin. In I. Breckner, & H. Sinning (Hrsg.), Wohnen nach der Flucht (S. 103–115). Wiesbaden: Springer VS. https://doi.org/10.1007/978-3-658-26079-8_5.

Nicke, K. (2021). Linke Akteure in den Städten und Gemeinden. Zum Zustand der Demokratie und zur Rolle der Partei auf kommunaler Ebene. Rosa Luxemburg Stiftung.

Orban, A., Sauermann, J., & Trampusch, C. (2018). Varianten des Institutionalismus. In K. Mause, C. Müller, & K. Schubert (Hrsg.), Politik und Wirtschaft: Ein integratives Kompendium (S. 115–144). Wiesbaden: Springer VS.

Oster, S. (2021). Steuerwettbewerb auf kommunaler Ebene: Empirische Analysen der Gewerbesteuer. Dissertation. Wuppertal: Bergische Universität Wuppertal.

Otteni, C., & Weisskircher, M. (2022). AfD gegen die Grünen? Rechtspopulismus und klimapolitische Polarisierung in Deutschland. Forschungsjournal Soziale Bewegungen, 2/2022, S. 317–335.

Peck, J. (2015). Urbane Austerität. Die neoliberale Krise der amerikanischen Städte. New York: Rosa Luxemburg Stiftung.

Plöger, J., & Weck, S. (2014). Confronting Out-Migration and the skills Gap in Declining German Cities. European Planning Studies, 22(2), S. 437–455. https://doi.org/10.1080/09654313.2012.757587.

Raffer, C. (2023). Kommunale Investitionen in Klimaschutz und -anpassung: finanzielle Dimensionen und Rolle der Kämmereien. Sondergutachten im Rahmen des KfW-Kommunalpanels. Deutsches Institut für Urbanistik. https://doi.org/10.34744/difu-impulse_2023-4.

Raffer, C., & Scheller, H. (2023). KfW-Kommunalpanel 2023. https://repository.difu.de/handle/difu/42. Zugegriffen: 03. September 2025.

Raffer, C., Scheller, H., & von Zahn, F. (2025). KfW-Kommunalpanel 2025, hrsg. KfW Bankengruppe. Lifu Deutsches Institut für Urbanistik.

Rat für Nachhaltige Entwicklung (2024). Handlungsfähig. Kooperativ. Für alle. Empfehlungen zum gesellschaftlichen Zusammenhalt in Kommunen. https://www.nachhaltigkeitsrat.de/wp-content/uploads/2024/06/2024_06_26_RNE_Empfehlungen_gesellschaftlicher_Zusammenhalt_in_Kommunen.pdf. Zugegriffen: 29. September 2025.

Rode, J. (2014). Renewable Energy Adoption in Germany. Drivers, Barriers and Implications. Dissertation, Darmstadt.

Röhl, K.-R. (2019). Das Ruhrgebiet: der anhaltende industrielle Strukturwandel im Spiegel der Regionalpolitik. Wirtschaftsdienst, 99(1), S. 49–55. https://doi.org/10.1007/s10273-019-2432-x.

Schiffer, H.-W., & Ulreich, S. (2023). Verbraucherpreise für Energie im internationalen Vergleich. Ifo Schnelldienst, 76(5), S. 34–41.

Schoenefeld, J. J., Hildén, M., Schulze, K., & Sorvali, J. (2023). What motivates and hinders municipal adaptation policy? Exploring vertical and horizontal diffusion in Hessen and Finland. Regional Environmental Change, 23(53). https://doi.org/10.1007/s10113-023-02048-9.

Schröder, W., Ziblatt, D., & Bochert, F. (2025). Is the Brandmauer („firewall") breaking from below? Party cooperation with the „Alternative for Germany (AfD)" in all German local government councils (2019–2024). WZB Discussionpaper, No. SP V 2025-501 en. Berlin: Wissenschaftszentrum Berlin für Sozialforschung.

Schuppert, G. F. (2007). Die bundesstaatliche Finanzverfassung zwischen Pfadabhängigkeit und Wandel. WZB Discussion Paper, No. P 2007–201, Berlin: Wissenschaftszentrum Berlin für Sozialforschung (WZB).

Springfeld, C. (2025). Kommunale Selbstverwaltung unter Druck; Quervergleich der Landesprogramme zur Konsolidierung kommunaler Haushalte in den Ländern Nordrhein-Westfalen und Rheinland-Pfalz unter besonderer Berücksichtigung der Entwicklung der Hebesätze der Grundsteuer B. Masterarbeit. Hagen.

Thöne, M. (2022). Auf der Suche nach 300 Milliarden Euro: Staatliche Aufgabenerfüllung in den fünf großen Transformationen. FiFo Discussion Paper, 22(4), Köln: Finanzwissenschaftliches Forschungsinstitut an der Universität zu Köln.

Vatter, A., & Heidelberger, A. (2014). Volksentscheide nach dem Sankt-Florians-Prinzip? In L.P. Feld, P.M. Huber, O. Jung, H.-J. Lauth, & F. Wittreck (Hrsg.), Jahrbuch für direkte Demokratie 2013 (S. 9–52). Baden-Baden: Nomos.

Winkelmann, T., & Birner, S. C. (2022). Vom Winde verweht? Zu den Widerständen gegen den Windenergieanlagenausbau in Deutschland. Zeitschrift für Politik ZfP, 69(4), S. 431–450. https://doi.org/10.5771/0044-3360-2022-4-431.

Zabler, S. (2021). Kommunale Schulden in Deutschland. Instrumente zur Bekämpfung auf dem Prüfstand einer synthetischen Analyse. Baden-Baden: Nomos.

If you have any concerns about our products,
you can contact us on
ProductSafety@springernature.com

In case Publisher is established outside the EU,
the EU authorized representative is:
Springer Nature Customer Service Center GmbH
Europaplatz 3, 69115 Heidelberg, Germany

Printed by Libri Plureos GmbH
in Hamburg, Germany